MÜNSTERSCHWARZACHER KLEINSCHRIFTEN

herausgegeben
von den Mönchen der Abtei Münsterschwarzach

Band 68

Anselm Grün OSB

Tiefenpsychologische Schriftauslegung

VIER-TÜRME-VERLAG MÜNSTERSCHWARZACH
1992

Anselm Grün OSB

Tiefen-
psychologische
Schriftauslegung

VIER-TÜRME-VERLAG MÜNSTERSCHWARZACH
1992

Die Deutsche Bibliothek – CIP-Einheitsaufnahme

Grün, Anselm:
Tiefenpsychologische Schriftauslegung / Anselm
Grün. – 1. Aufl. – Münsterschwarzach :
Vier-Türme-Verl., 1992
  (Münsterschwarzacher Kleinschriften ; Bd. 68)
  ISBN 3-87868-447-9
NE: GT

5. Auflage 1997
Gesamtherstellung: Vier-Türme GmbH, D-97359 Münsterschwarzach Abtei
© by Vier-Türme GmbH, Münsterschwarzach Abtei
ISSN 0171-6360
ISBN 3-87868-447-9

INHALT

I. Tiefenpsychologische und spirituelle Schriftauslegung 9

   1. Spirituelle Auslegung
      in der frühen Kirche 9

   2. Die historisch-kritische Methode 13

   3. Philosophische Hermeneutik 15

   4. Tiefenpsychologische Auslegung 18

II. Auslegung verschiedener Textgattungen 29

   1. Heilungsgeschichten 29

   2. Gleichnisse 45

   3. Beispielerzählungen 55

   4. Wortüberlieferungen 63

   5. Begegnungsgeschichten 76

   6. Passionsgeschichte 83

   7. Auferstehungsgeschichten 92

Schluß 104

Anmerkungen 106

Vorwort

Lange habe ich mich geweigert, eine Kleinschrift über tiefenpsychologische Schriftauslegung zu schreiben. Denn da kann ich auch nur wiederholen, was Drewermann, Sanford, Maria Kassel und andere vor mir schon ausführlicher entfaltet haben. Nun habe ich dem Drängen der Teilnehmer an meinen Kursen "Tiefenpsychologische Schriftauslegung" doch nachgegeben. Zwei Gründe haben mich dazu bewogen. Einmal kann nicht jeder die umfangreichen Bücher Drewermanns lesen. Viele suchen aber nach Hilfen für ihre eigene Schriftlesung. Zum andern hat es Drewermann versäumt, die tiefenpsychologische Schriftauslegung in den Zusammenhang der Auslegungstradition zu stellen, wie sie seit der frühen Kirche bestand. Schon für die frühen Kirchenväter war es ein wichtiges Problem, wie sie die Schriften des AT und NT auslegen sollten. An ihrem Ringen um eine spirituelle Schriftauslegung darf man nicht vorbeigehen, wenn man sich der tiefenpsychologischen Bibelinterpretation nähert. Im Folgenden benütze ich immer wieder die beiden Bände von Drewermann "Tiefenpsychologie und Exegese"[1], denen ich wichtige Einsichten verdanke, und ein Buch von Sanford, einem Schüler C.G. Jungs, der schon vor über 20 Jahren die Bibel tiefenpsychologisch ausgelegt hat[2]. Zum andern aber schöpfe ich aus meinen Kursen über tiefenpsychologische Schriftauslegung und aus den Kursen für Jugendliche, in denen ich versucht habe, die Bilder der Schrifttexte mit jungen Menschen zu meditieren. Die Jugendlichen haben die Texte dann oft auch spielerisch dargestellt. An ihren Darstellungen habe ich gespürt, daß sie die Bilder der Bibel verstehen. Man muß ihnen nur Mut machen, daß sie die

Schrift bildhaft sehen und sich nicht um ihre wörtliche Auslegung streiten. Sobald man in Bildern denkt und fühlt, erschließen sich biblische Texte ganz neu. Es geht mir daher im Folgenden nicht nur um eine rein tiefenpsychologische Schriftauslegung, sondern um einen Weg, die Bibel bildhaft zu sehen und zu verstehen, um eine Weiterführung der spirituellen Bibelauslegung, wie sie seit dem 4. Jahrhundert im Mönchtum üblich war. Das Ziel der bildhaften Auslegung ist immer die Begegnung mit Gott und die Verwandlung meiner eigenen Existenz durch Jesus Christus, das Aufgebrochenwerden für den heilenden und heiligen Geist Gottes, der mich im Wort und durch das Wort heilen und verwandeln will.

I. TIEFENPSYCHOLOGISCHE UND SPIRITUELLE SCHRIFTAUSLEGUNG

Die Frage nach der Auslegung von überlieferten Texten hat die Menschen schon immer beschäftigt. Das Problem wurde erstmals von den griechischen Philosophen formuliert. Im Umgang mit den großen Epen griechischer Dichtung sahen sie sich gezwungen, nach deren bleibenden Wert zu fragen. Sind das nur anstößige Göttergeschichten oder haben sie für alle Menschen eine erzieherische oder religiöse Bedeutung? So haben sie die allegorische Auslegungsmethode entwickelt. Sie wollten zeigen, daß die Epen einen bleibenden religiösen und ethischen Wert haben. Das können sie aber nur, wenn die Geschichten einen tieferen Sinn haben, wenn sie noch etwas anderes aussagen. Damit war die Wissenschaft der Hermeneutik geboren.

1. Spirituelle Auslegung in der frühen Kirche

Das Judentum hat gleichfalls Auslegungsmethoden entwickelt. So können wir schon innerhalb des AT beobachten, daß die Propheten die geschichtlichen Tatsachen symbolisch auslegen, daß das Geschehene Symbol für etwas Tieferes ist, und zugleich Typos für das Zukünftige. Die Rabbiner haben sich intensiv mit dem Problem der Auslegung beschäftigt. Ihre Deutungsschemata zeigen sich noch beim Apostel Paulus, der den Durchgang durch das Rote Meer in 1 Kor 10 typologisch auslegt, als Vorbild für die Taufe und für Tod und Auferstehung Jesu. Paulus kennt auch die allegorische Auslegung, wenn er die beiden Frauen Abrahams, Sarah und Hagar, in Gal 4 als Bilder für die beiden Testamente sieht, das eine, das vom Berg Sinai stammt und Knechtschaft bedeutet, und das andere aus der Verheißung, das das himmlische Jerusalem bedeutet.

In der frühen Kirche hat sich als erster Clemens von Alexandrien mit der Frage der Auslegung beschäftigt. Clemens verteidigt die allegorische Auslegung der Bibel und zeigt, daß sie kein isoliertes Phänomen ist, sondern sich auch bei den griechischen Philosophen und Dichtern und bei den Ägyptern in ihrer symbolischen Theologie findet. Für Clemens ist die allegorische Auslegung die Bedingung, daß man zur wahren Erkenntnis Gottes gelangen kann.[3] Systematischer als Clemens hat Origines die Frage der Schriftauslegung behandelt. Für ihn sind nicht die in der Schrift bezeugten Tatsachen wichtig, sondern die darin geoffenbarte übergeschichtliche Wahrheit. Er unterscheidet drei Schriftsinne: den leiblichen oder historischen, den psychischen oder moralischen und den spirituellen oder mystischen. Dabei ist ihm der spirituelle Schriftsinn am wichtigsten. Origines meint, die Schrift habe ebenso wie der Mensch einen Leib, eine Seele und einen Geist. Diesen drei Bereichen ordnet er die dreifache Schriftauslegung zu. Der leiblichen Auslegung geht es um die Fakten und um die richtige Bedeutung der Worte. Der seelischen Auslegung geht es um die moralische Interpretation der Bibel. Hier sieht Origines alle biblischen Geschichten als moralische Vorbilder für uns. Mit der psychologischen Schriftauslegung will Origines die Masse der Christen erbauen. Der geistlichen Auslegung geht es um die tiefere Bedeutung der Texte, um die mystische Dimension der Bibel, um die Möglichkeit, mit Gott eins zu werden. Den Unterschied zwischen moralischer und mystischer Schriftauslegung beschreibt Origines in seinen Homilien zum Buch Numeri:

"Das Sinnbild des Auszugs aus Ägypten kann auf zweifache Weise genommen werden..... Denn auch wenn einer aus der Finsternis des Irrtums zum Licht der Anerkenntnis gelangt und sich von erdhaftem Wandel zu geistiger Lebensführung bekehrt, zieht er aus Ägypten aus und gelangt in jene einsame Wüste, nämlich in jenen Abschnitt seines Lebens, wo er durch Schweigen und Ruhe sich in den göttlichen Gesetzen üben und die himmlischen Aussprüche in sich einsickern lassen muß, um dadurch neugestaltet und geleitet den Jordan zu durchschreiten und weiterzueilen bis zum verheißenen Land...

Aber der Auszug aus Ägypten ist auch das Gleichnis der Seele, die die Finsternis dieser Welt und die Blindheit der körperlichen Natur verläßt, um in eine andere Welt überzusiedeln, welche entweder Schoß Abrahams wie in der Lazarusgeschichte, oder Paradies, wie beim gläubigen Schächer am Kreuz genannt wird, oder wenn es sonst noch Orte und Wohnungen gibt, die Gott kennt, durch welche die gottgläubige Seele hindurchwandert, um hinzugelangen zu jenem Flusse, der die Stadt Gottes erfreut, und an seinem andern Ufer das den Vätern verheißene Los zu empfangen... Wenn die Seele aus Ägypten dieses Lebens auszieht, um zum verheißenen Land zu wandern, schlägt sie notwendig gewisse Wege ein ..... und kommt durch bestimmte Haltestellen." [4]

Die moralische Auslegung nimmt alle Geschichten als Bilder und Appelle für das Handeln, die mystische Auslegung dagegen als Bilder für den Weg der Seele zu Gott, psychologisch gesprochen als Bilder der Selbstwerdung. Dabei deutet Origines bei der spirituellen Deutung alle Personen und Orte auf der Subjektstufe, ähnlich wie es die tiefenpsychologische Auslegung tut. Alle Personen und Orte werden als Bilder der Seele gesehen, die auf dem Weg zu Gott ist. Sie beschreiben den inneren Entwicklungsweg der Seele, den Prozeß der Selbstwerdung, der im Einswerden mit Gott mündet. Das Ziel der Exegese ist für Origines die Kontemplation, die Begegnung mit Jesus Christus und die Schau Gottes. Die spirituelle Schriftauslegung arbeitet mit der Typologie und Allegorie. Die Typologie sieht in den Personen und Geschichten Typen, Urbilder für etwas Zukünftiges. Die Allegorie deutet den Text auf geistige Weise, sie sieht noch etwas anderes hinter dem Buchstaben. So unterscheidet Origines die typologische und allegorische Deutung der Eselin, die die Jünger nach Mt 21,2 losbinden. Die Allegorie deutet die Eselin auf die Pflege der Seele, die Typologie weist dagegen auf "die künftigen und wahrhaften Güter ..... durch Dinge, die im Schatten liegen". (RAC 765)

Gegen die spekulative Auslegung der alexandrinischen Schule, die von Origines begründet worden war, wendet sich die mehr empirisch arbeitende antiochenische Schule, deren Hauptvertreter Theodor von Mopsuestia ist. Sie läßt neben der historischen Auslegung nur die typologische gelten, nicht aber die allegorische. Sie sieht in den historischen Fakten einen Typos, ein Urbild für das künftige Heil. Und überall sieht sie ein Bild für Christus als die Verheißung aller Geschichten und Erzählungen. Im Grund unterscheiden sich die beiden Schulen gar nicht so sehr, auch wenn sie sich bekämpft haben. Beide bearbeiten exakt den Wortsinn und versuchen dann den spirituellen Sinn zu erforschen. Dabei übertrifft die alexandrinische Schule die antiochenische an spekulativer und mystischer Tiefe.

Das Mittelalter hat die drei Weisen der Schriftauslegung bei Origines zur Lehre vom vierfachen
Schriftsinn weiter entwickelt. Neben dem sensus
litteralis (sensus historicus) kennt das Mittelalter
drei Unterformen des sensus spiritualis nach dem
Schema: Glaube – Liebe – Hoffnung: "2. sensus
allegoricus = Glaube und Lehre der Kirche. 3.
Sensus moralis (tropologicus) = Christliches
Handeln, Moral. 4. Sensus anagogicus = Hoffnung, Enderwartung, Geheimnisse Gottes."[5] Die
Lehre vom vierfachen Schriftsinn wurde bereits
von Cassian formuliert, der neben der historica
interpretatio die intellegentia spiritalis stellt, die
er wiederum in allegoria, anagoge und tropologia
(oder moralis explanatio) einteilt. Bis in die
Neuzeit war die Lehre vom vierfachen Schriftsinn die Grundlage jeder Bibelauslegung. Durch
die Jahrhunderte hindurch war also eine geistli-
che Auslegung üblich, die in Bildern dachte und
die alles, was in der Bibel stand, subjektiv auf den
Ausleger hin verstand. Was die tiefenpsychologische Schriftauslegung will, war also über 1500
Jahre hindurch die übliche Weise, die Bibel zu
verstehen. Erst die Neuzeit hat mit ihrem Wissen-
schaftsbegriff dieser bildhaften Auslegung ein
Ende bereitet.

2. Die historisch-kritische Methode

Auf dem Hintergrund moderner Wissenschaft-
lichkeit wurde die Frage nach der Auslegung zu
Beginn unseres Jahrhunderts zu einem zentralen
Thema der Theologie, vor allem der protestanti-
schen. Die protestantische Exegese entwickelte
verschiedene Methoden, die sich alle unter dem
Namen historisch-kritische Methode vereinen.
Da gibt es die religionsgeschichtliche Methode,

die die Parallelen in anderen Religionen unter-
sucht, die literarkritische, die sich um den Urtext
sorgt, die formgeschichtliche, die die verschiedenen literarischen Gattungen erforscht, also die
Formen von Novelle, Paradigma, Legende, Mythos, Märchen, Wortüberlieferung usw. unterscheidet und jeder Form ihre eigene Wahrheit
zubilligt. Die formgeschichtliche Methode hat
ihren bleibenden Wert. Sie hat uns von einem
Wahrheitsbegriff befreit, der nur auf den Buchstaben sieht, und hat uns die Augen für die Wahrheit eines Märchens oder eines Mythos geöffnet.
So wurde die Schöpfungsgeschichte eben nicht
mehr als naturwissenschaftlicher Bericht über die
Entstehung der Welt, sondern als mythologische
Erzählung gesehen, die ihren bleibenden Wert
hat, ohne mit dem evolutiven Weltbild in Wider-
spruch zu stehen.

Die vierte Methode war die redaktionsgeschichtliche Methode, die nach der Theologie fragt, die
die einzelnen Redakteure, also z.B. die Evangelisten, ihrem vorgegebenen Stoff geben. So hat der
Evangelist Lukas die griechische Philosophie und
Literatur im Hintergrund, wenn er Jesus als den
göttlichen Wanderer schildert, der immer wieder
bei den Menschen einkehrt und sie mit göttlichen
Gastgeschenken beschenkt (Philemon und Bau-
cis). Als Grieche kann er mit dem Begriff der
Sühne als Interpretation für den Tod Jesu nichts
anfangen. Aber er sieht den Tod Jesu als Erfüllung
der Vision Platons, der über 400 Jahre vor Christus in einer Schrift fragte, was denn wohl geschehen würde, wenn einmal ein ganz und gar gerechter Mensch auftauchen würde. Und er beschreibt,
daß sie ihn verspotten und verhöhnen, ihn schlagen und schließlich ans Kreuz schlagen werden.
Und so läßt Lukas den Hauptmann sagen:
"Wahrhaft dieser war ein gerechter Mann" (Lk

23,47), wahrhaft dieser war der Gerechte, auf den wir seit Plato gewartet haben. Lukas übersetzt die Geschichte Jesu so, daß Griechen sie verstehen und annehmen können. Da wir im Herzen alle Griechen sind, kann uns Lukas Jesus Christus auf neue Weise nahe bringen. Die redaktionsgeschichtliche Methode zeigt uns die verschiedenen Weisen auf, wie die biblischen Autoren Christus jeweils für eine andere Mentalität interpretiert haben. Diese vier Methoden der historisch-kritischen Methode haben einen bleibenden Wert. Sie sind auch Voraussetzung für die tiefenpsychologische Schriftauslegung, die ohne sie willkürlich und unwissenschaftlich würde.

3. Philosophische Hermeneutik

Die Frage nach der Auslegung wurde in der Philosophie der Neuzeit immer wieder gestellt. Es wurde die Hermeneutik entwickelt, die Wissenschaft vom Verstehen. Heidegger hat die Hermeneutik zu einer Frage nach dem Sein weitergeführt. Das Dasein, so sagt er, hat immer schon Welt verstanden. Verstehen ist als Seinkönnen ein ursprünglicher Seinscharakter des menschlichen Lebens selbst. Diesen Ansatz führt dann H.G. Gadamer, ein Schüler Heideggers, in seinem Buch "Wahrheit und Methode" weiter[6]. Gadamer meint, wir gingen immer schon mit unserem Vorverständnis an einen Text. Wir verstehen uns und unser Leben schon, bevor wir einen Text auslegen. Der Text hat ein anderes Verständnis von Welt und Leben. Das Vorverständnis des Textes tritt in Dialog mit unserem Vorverständnis und so geschieht Horizontverschmelzung. Für Gadamer geht es in der Auslegung eines Textes immer um ein Gespräch, in dem sich der Horizont des

Lesers und der des Textes miteinander vereinen. Der Text will uns nicht in erster Linie Informationen geben, sondern ein neues Selbstverständnis. Der Text stellt mein Selbstverständnis in Frage, er verändert es und will mir durch ein neues, erweitertes Selbstverständnis zur Wahrheit selbst verhelfen. Auslegen eines Textes heißt für Gadamer immer, den Text verstehen und darin sich selbst, die Welt und Gott verstehen. Im Verstehen des Textes soll die Sache selbst zur Sprache kommen. Die Sache selbst, das ist immer die Wahrheit des Seins, das ist letztlich immer Gott, der durch das Wort hindurch aufleuchtet.

Für Gadamer geht es nicht darum, sich subjektiv in die Situation des Verfassers zu versetzen. Wir brauchen also nicht zu überlegen, was Markus genau gedacht hat, ob er alle unsere Assoziationen mitbedacht hat. Der Text steht da in seinem Anspruch. Und diesem Anspruch sollen wir uns stellen. Im Text will sich das Sein selbst für uns auslegen. Es wird offenbar. Wir haben teil an seiner Wahrheit, an seiner aletheia, an seinem Unverhülltsein. Es geht also nicht um irgendwelche Verstehensregeln, sondern um die Teilhabe an der Wahrheit des Gesagten. Der Text hat immer eine Wahrheit in sich. Im Auslegen sollen wir daran teilnehmen. Dabei geschieht Auslegung immer in und durch die Sprache. Auslegung ist nicht die Erkenntnis einer vom Text unabhängigen Sache, sondern im Finden einer gemeinsamen Sprache geraten Text und Ausleger unter die Wahrheit der Sache selbst. Die Wahrheit stellt sich im sprachlichen Vorgang dar, sie ist nicht ohne ihn zu haben. So ist jede Auslegung eines Textes immer "eine Verwandlung ins Gemeinsame hin, in der man nicht bleibt, was man war." (360)

Gadamer sagt: jede erzählte Geschichte hat in sich ihre Wahrheit. Sie leuchtet dem Leser von selbst ein, sie braucht nicht bewiesen zu werden, sie muß auch nicht geglaubt werden. Denn in der Geschichte stellt sich die Wahrheit selbst dar. Und indem sie sich für mich darstellt, habe ich teil an ihr. (Vgl. 462) Es geht also für Gadamer nicht darum, rein historisch nach den Fakten einer Geschichte zu fragen, sondern die Wahrheit der Geschichte selbst zu erkennen. Und die Wahrheit ist immer die Auslegung des Seins schlechthin. Nicht um Fakten geht es, sondern um das Sein, um das Geheimnis des Menschen, um ein neues Selbstverständnis. Was Gadamer hier Horizontverschmelzung nennt, das hat Augustinus in dem klassischen Satz ausgedrückt: "Das Wort Gottes ist der Gegner deines Willens, bis es der Urheber deines Heiles wird. Solange du dein eigener Feind bist, ist auch das Wort Gottes dein Feind. Sei dein eigener Freund, dann ist auch das Wort Gottes mit dir im Einklang." (Sermo dei adversarius est voluntatis tuae, donec fiat auctor salutis tuae... Quamdiu tu tibi inimicus es, inimicum habes sermonem dei. esto tibi amicus, et concordas cum ipso. PL 38,637) Es geht um ein Ringen mit dem Wort Gottes, bis ich es verstehe. Und wenn ich es verstehe, verstehe ich auch mich anders. Wenn mich das Wort Gottes ärgert, dann darum, weil ich ein falsches Selbstverständnis habe, eines, das meinem Wesen nicht gerecht wird. Die Auslegung des biblischen Textes führt nach Augustinus zu einem neuen Selbstverständnis und zwar zum Selbstverständnis des erlösten und geheilten Menschen, des Menschen, der mit Gott in Einklang ist und dadurch mit sich selbst gut umgeht und sein eigener Freund wird.

4. Tiefenpsychologische Auslegung

Dieses Ringen um die Wahrheit in der philosophischen und theologischen Hermeneutik sollten wir im Hinterkopf haben, wenn wir uns jetzt der tiefenpsychologischen Auslegung von Bibeltexten zuwenden, wie sie vor allem Eugen Drewermann in seinem Werk "Tiefenpsychologie und Exegese" entfaltet hat. Die tiefenpsychologische Auslegung möchte ich dabei in der Tradition der allegorischen Schriftauslegung sehen. Nur die Betrachtungsebene hat sich bei ihr von der theologisch-spirituellen Ebene auf die psychologische verschoben. Statt vom Weg der Seele zu Gott spricht sie von der Selbstwerdung. Aber eine tiefenpsychologische Auslegung ist für mich nur dann sinnvoll, wenn sie mich in eine tiefere Begegnung zu Jesus Christus führt, wenn sie die psychologischen Bedingungen aufzeigt, wie ich mich als ganzer Mensch, als Mensch mit Leib und Seele, in die Begegnung mit Jesus Christus und durch ihn mit dem Vater selbst hineinhalten kann, wie Jesus Christus nicht nur meine bewußten Gedanken und Gefühle, sondern auch mein Unbewußtes zu verwandeln und zu heilen vermag.

In seiner tiefenpsychologischen Schriftauslegung geht Drewermann zurecht davon aus, daß die Autoren der Bibel etwas Geschehenes und Erfahrenes in Bildern beschreiben, in denen wir uns wieder finden können. Mit den Bildern deuten sie immer schon das Faktum. Und nur wenn ein Faktum für uns gedeutet wird, gewinnt es für uns Bedeutung. Von den reinen Fakten, etwa von denen, die im Computer gespeichert werden können, können wir nicht leben. Leben können wir nur von Geschichten, in denen wir unser Leben wiederfinden und in denen die in unserer

Seele angelegten Bilder und Symbole angesprochen werden. Diese Bilder nennt C.G. Jung Archetypen. Archetypen sind Bilder der menschlichen Seele, die sich in allen Menschen zu allen Zeiten finden, wenn auch in verschiedener konkreter Ausgestaltung. Nach Jung sind die Archetypen eigentlich noch keine Bilder, sondern Strukturmuster, die dann von konkreten Bildern ausgefüllt werden. Jung spricht vom kollektiven Unbewußten, an dem wir alle teilhaben und in dem wir auf die Archetypen stoßen. Das kollektive Unbewußte hat die Erfahrungen der ganzen Menschheit in sich gesammelt. Ja in ihm liegen noch Erinnerungen aus der menschlichen Entwicklungsgeschichte, die bis in seine tierische Vergangenheit reichen. In unserm Unbewußten liegen Bilder bereit, die die Menschen zu allen Zeiten geprägt haben. Die Autoren der Bibel und die Autoren aller Mythen und Legenden greifen nun unbewußt zu solchen Bildern, um für sie und für uns bedeutungsvolle Geschichten zu erzählen.

Die Erzählung war die erste Form der Psychologie. Der Weg der menschlichen Reifung wurde in Geschichten erzählt, in denen sich jeder wiederfand. Das Erzählen vermittelte Weisheit, Erfahrung, ja es vermochte zu heilen, wie die Einleitung zu der Märchensammlung Tausendundeine Nacht zeigt. Die Prinzessin erzählt solange Märchen, bis der Tyrann geheilt wird. Die Geschichten zwingen uns nicht zur Anerkennung von Sätzen und Theorien. Wir müssen nicht etwas für wahr halten oder daran glauben. Indem wir eine Geschicht hören, werden wir in sie hineinverwickelt. Wir sehen uns neu, wir verstehen und haben so schon teil an der Wahrheit der Geschichte. Die Geschichte deckt uns auf, wer wir sind, was sich in unserer Seele tut. Und ohne vor anderen bloßgestellt zu werden, können wir uns im Spiegel der Geschichte selber anschauen. Es ist wie ein Aha-Erlebnis: das bin ja ich. Die Geschichte ist meine Geschichte. Ohne daß ich bewußt die Beziehung zu meinem Leben reflektiere, bin ich schon mitten in der Geschichte. Ich lese in ihr meine eigene Geschichte, denke sie weiter, deute sie neu, verstehe mich neu. Zusammenhänge in meinem Leben gehen mir auf. Die Wahrheit der Geschichte und damit die Wahrheit meines Lebens leuchtet mir auf.

Drewermann vergleicht nun die Bilder, mit denen die Autoren das Geschehene erzählen, mit den Bildern, die in unseren Träumen hochsteigen. Und er entdeckt da eine große Ähnlichkeit. Daher ist es ein wichtiges Postulat seiner tiefenpsychologischen Schriftauslegung, daß wir die biblischen Geschichten ähnlich deuten wie unsere Träume. Dafür gibt es zwei grundlegende Regeln (Vgl. dazu I,164ff):

Die 1. Regel ist, daß man die Motive einer Geschichte mit Motiven anderer Überlieferungen vergleicht. Viele Motive der Bibel sind kein Sondergut, sondern Motive des mythischen und legendären Erzählgutes aller Völker. So ist das Motiv der verfeindeten Brüder ein typisches Schattenthema (Kain und Abel, Jakob und Esau). Das Motiv der Nachtmeerfahrt beim Propheten Jona ist allgemein verbreitet. In den Märchen tauchen viele biblische Themen wieder auf.

Die 2. Regel besteht darin, alle äußeren Gegenstände, Personen und Umstände auf der Subjektstufe zu deuten, also nicht als Beschreibung eines äußeren, sondern eines inneren Sachverhaltes auszulegen. Nach C.G. Jung können Träume sowohl auf der Objekt- wie auf der Subjektstufe gedeutet werden. Auf der Objektstufe sagen die Träume etwas über andere Personen oder Situationen aus, sie geben eine ergänzende Sicht gegenüber der Sicht des Bewußtseins. Die Träume zeigen, was das Unbewußte über die Person denkt. Auf der Subjektstufe beschreiben Personen nie bloß verwandtschaftliche Verhältnisse, sondern sie zeigen Aspekte meiner Seele an. Der Vater meint z.B. den männlichen Seelenanteil, die Frau die anima und zwar in ihrer verschiedenen Ausformung, als das Mütterliche, das Schwesterliche, das Verschlingende usw. Haus und Tempel können ein Bild für das eigene Seelenhaus sein. Was darin geschieht, geschieht in mir. Ähnlich haben auch die Tiere eine symbolische Bedeutung. In den Märchen sind Tiere oft Wegweiser, sie stellen die Weisheit der instinkthaften Seite des Menschen dar. Die Vögel, die Elija am Bach Kerit speisen, sind als Repräsentanten der himmlischen Welt zu sehen. Daniel in der Löwengrube ist ein Bild für uns, die wir inmitten unserer Triebe und Aggressionen sitzen und nur im Vertrauen auf Gott diese Kräfte miteinander versöhnen können. Engel, Geisterwesen, Riesen und Zwerge sind als innere Kräfte der menschlichen Psyche zu sehen. Auch Gegenstände, die im Weg liegen, sagen etwas über unsern innern Zustand aus. Was für die Traumdeutung gilt, das stimmt auch für die tiefenpsychologische Schriftauslegung. Zunächst soll ich versuchen, den Traum auf der Objektstufe zu deuten. Nur wenn er da keinen Sinn ergibt, kann ich ihn auf der Subjektstufe deuten. In der Bibel soll ich die Personen zunächst auf der Objektstufe als verschiedene Typen von Menschen deuten, in denen ich mich wiederfinden kann. Dann erst kann ich sie auch auf der Subjektstufe als Anteile meiner Seele sehen. Für Drewermann beschreibt jede archetypische Erzählung immer den Prozeß der Individuation, der Selbstwerdung des Menschen. Ähnlich wie die Träume wiederholen diese Erzählungen das Gleiche auf unterschiedlichen Stufen der inneren Entwicklung. Sie kreisen spiralförmig um den Mittelpunkt. Die Erzählungen sind innere Entwicklungsgeschichten. Ihr Ziel ist die Reifung und Entfaltung psychischer Einheit, Entfaltung des Selbst. Es ist immer das gleiche Schema: Der König, das Ich-Bewußtsein, schickt seine Söhne (Ichkräfte) aus, die Gefahren zu bestehen haben (Schattenbewältigung) und eine erlösungsbedürftige Jungfrau (anima) zur Hochzeit heimführen (Gegensatzvereinigung, Integration des Selbst). Dieses Schema ist in allen Märchen und in vielen Geschichten der Bibel zu finden, etwa in der Tobitgeschichte, in der der Vater seinen Sohn ausschickt, den Schatz in der Ferne zu holen. Und auf diesem Weg geleitet ihn ein Engel, Rafael, und führt ihn zur erlösungsbedürftigen Sara, die in ihrer tödlichen Angst vor dem Mann zum Verhängnis für viele geworden ist.[7] Man muß sich allerdings davor hüten, alles psychologisch plattzuwalzen und überall nur eine Bestätigung der Jungschen Psychologie zu sehen. Wir dürfen nicht C.G. Jung zum Hauptkirchenvater machen, er kann vielmehr nur eine Hilfe sein, den Reichtum biblischer Erzählungen zu entdecken. Die erzählte Geschichte ist immer weiter als ein psychologisches Modell. Ein Modell hat den Vorteil, daß es eine Erfahrung plausibel macht. Aber dazu grenzt es immer ein. Die Erzählung ist weiter, sie beschreibt das menschliche Leben in seinem ganzen Reichtum. Daher ist es wichtig, auf die Weisheit der Geschichten zu hören und nicht die Geschichten nur auf die Bestätigung psychologischer Theorien zu reduzieren.

Wie wir an die tiefenpsychologische Auslegung eines biblischen Textes herangehen sollen, zeigt Drewermann in 4 Regeln auf (Vgl. I,201ff):

1. Finalitätsregel oder Ganzheitsregel: die Frage, mit der man an den Text herangeht, lautet: was trägt das Geschilderte zum Ziel der Selbstfindung des Menschen bei? Das Ganze muß zusammenstimmen. Die einzelnen Motive sind vieldeutig. Erst wenn sie zusammenstimmen, ist eine Deutung richtig.
2. Anfangsregel oder Ausgangsregel. Die Einleitung braucht eine besondere Aufmerksamkeit. Sie gibt meistens das Thema an, den Konflikt. Wichtig sind dabei auch die Gefühle, die die ersten Sätze hervorrufen.
3. Die Zentrierungsregel. Es ist wichtig, die zentrale Person der Geschichte zu erkennen, um die sich alles dreht.
4. Die Realisierungsregel: Die Bildersprache muß auf die darin angesprochene psychische Realität hin ausgelegt werden, in eine psychologische Begriffssprache übersetzt und dann mit den Erfahrungen rückverbunden werden, aus denen sie gewonnen wurde. Sie müssen also durch Beispiele aus dem wirklichen Leben oder der Dichtung verdeutlicht werden.

Drewermann hat die tiefenpsychologische Schriftauslegung systematisiert und wichtige Regeln und Hilfen gegeben. Ich verdanke seinen Büchern viel. Aber ich kann seine Polemik nicht nachfühlen, weil ich in der spirituellen Bibellesung der monastischen Tradition schon ähnliche Prinzipien gefunden habe. Mir selbst sind 5 Punkte für eine Auslegung wichtig, die die Tiefenpsychologie berücksichtigt, aber nicht alles auf Psychologie reduziert, die in Bildern denkt und so tiefenpsychologische und spirituelle Auslegung miteinander verbindet:

1. Es ist müßig zu streiten, was nun historisch geschehen ist und was rein symbolhafte Erzählung ist. Die Bibel berichtet Geschehenes. Aber wir haben keinen Film. Er würde uns auch nur auf Sekundäres festlegen. Die Erzählung deutet das Geschehene so für uns, daß es für uns eine heilende und befreiende Bedeutung hat. Es hat also keinen Zweck, das rein Faktische von der Deutung zu trennen, etwa beim Seewandel Jesu zu überlegen, wie das konkret möglich war, ob da Jesus über Steine gesprungen sei usw. Ich muß immer davon ausgehen, daß die Geschichte - etwa vom Seewandel Jesu - geschehen ist und eine Erfahrung der Jünger berichtet. Das Geschehene aber genau zu rekonstruieren, hilft nicht weiter.

Die historisch-kritische Methode hat oft ein zu enges naturwissenschaftliches Weltbild zur Voraussetzung, für das z.B. ein Wandel über den See von vorneherein unmöglich ist. Heute ist man da nicht mehr so eng. Schließlich gibt es mehr Dinge auf dieser Welt, als sie uns die Naturwissenschaft erklären kann.

2. Es hat keinen Zweck, nach der subjektiven Meinung des Verfassers zu fragen, zu überlegen, ob die Evangelisten oder biblischen Autoren an die Bedeutungen gedacht haben, die uns heute einfallen. Auslegung hat sich der Sache selbst zu stellen, die im Text zur Sprache kommt, und nicht der Subjektivität seines Verfassers. Und die Sache selbst stellt sich eben in archetypischen Bildern dar.

Das Geheimnis Gottes und das Geheimnis des Menschen kann man nur in solchen Bildern ausdrücken und nicht in wissenschaftlichen Begriffen. Es ist also legitim, wenn wir zu den biblischen Texten die Bilder assoziieren, die uns einfallen.

Sie können eine wesentliche Hilfe sein, den Text auf uns zu beziehen und uns darin zu entdecken.

3. Es ist nicht nötig, tiefenpsychologische Kenntnisse zu haben. Es genügt, wenn wir wie die Kirchenväter in Bildern denken und die Bilder selbst sprechen lassen. Wir bräuchten nur auf den Volksmund zu hören, der immer in solchen Bildern spricht. Wir können also einfach unbefangen die Bilder weiter assoziieren, anreichern, ausmalen, weiterführen. Dann geht uns der Reichtum der Geschichten auf. Dabei ist die Gruppe eine Hilfe, die Bilder überhaupt zu entdecken. Die Tiefenpsychologie kann uns helfen, den Sinn mancher Bilder zu erkennen. Sie hat die Sprache der Bilder erforscht und kann uns so ein neues Verständnis für die Sprache geben, in der Gott selbst zu uns sprechen möchte.

Was tiefenpsychologische Schriftauslegung ist, könnten wir entdecken, wenn wir einen Blick in die Kunst und in die Volksfrömmigkeit werfen. Wenn die Volksfrömmigkeit den Kreuzweg mit seinen 14 Stationen meditiert, dann ist das auch eine Art tiefenpsychologischer Schriftauslegung. In der Bibel können wir diese 14 Stationen nicht finden. Das Volk deutet das Geschehen der Bibel durch 14 archetypische Bilder, in denen wir die eigene Passion betrachten können. Schon die Zahl 14 ist dabei symbolisch zu verstehen. Es gibt 14 Nothelfer. Zweimal muß die sieben, die göttliche Zahl, abgeschritten werden, damit Gott und Mensch eine Einheit werden. Wenn wir am Karfreitag den Jugendlichen den Kreuzweg zur Meditation geben, dann finden sie sich da ohne Schwierigkeit wieder. Im abendlichen Mysterienspiel stellen sie die 14 Stationen so dar, daß es um ihr Leben, um ihre Nöte, aber auch um ihre

Erlösung geht. Auch die Attribute, die die Kunst den Heiligen oder den Gestalten der Bibel gibt, sind immer auch archetypische Bilder, Bilder von Heil und Erlösung. Es wäre interessant, die Interpretation der Kunst mit der tiefenpsychologischen Schriftauslegung zu vergleichen. Die Künstler haben mit ihren Bildern das Geschehen der Bibel in die Sprache unserer Seele übersetzt und als inneres Geschehen dargestellt.

4. Bei der tiefenpsychologischen Schriftauslegung ist nicht der Willkür Tür und Tor geöffnet. Die Bilder sind nicht beliebig, sondern sie stellen etwas Bestimmtes dar, zwar nicht etwas Eindeutiges, begrifflich klar Abzugrenzendes, aber doch einen ganz bestimmten Aspekt der Sache selbst, der Wahrheit. Die Bilder sind dabei immer offen für die ganze Wahrheit. Sie grenzen nie nur einen Teil aus, um ihn zu isolieren, sondern sie sehen ihn immer im Zusammenhang mit der ganzen Wahrheit. Das Bild ist wie ein Fenster, durch das die ganze Wahrheit hindurchleuchtet und aufscheint. Und in jedem endlichen Bild ist immer auch die Unendlichkeit der Wahrheit mit anwesend, scheint etwas vom Geheimnis Gottes herüber.

5. Die tiefenpsychologische Auslegung ist eine Methode unter vielen. Sie ist nicht das letzte Ziel, sondern nur ein Hilfsmittel, damit das geschehen kann, was Gadamer als Wesen der Auslegung beschreibt, daß sich die Sache selbst uns zeigt und daß in ihr das Ganze mit aufleuchtet, das Geheimnis Gottes selbst. Um dieses Ziel zu erreichen, dürfen wir die tiefenpsychologische Schriftauslegung nicht dogmatisch benutzen, sondern nur als Hilfsmittel unter anderen. Das Ziel soll immer die offenere und intensivere Begegnung mit Gott

sein, und die Begegnung mit dem Geheimnis unseres Lebens, das uns in Gott und durch Gott neu aufleuchtet. Die Schriftauslegung muß nach Origines immer mystagogisch sein, sie soll einführen in das Geheimnis Gottes und in das Geheimnis des Menschen, des von Jesus Christus erlösten Menschen. Mystagogisch heißt aber auch, daß die Schriftauslegung zu einer neuen Selbstbegegnung führt. Indem ich in das Geheimnis Gottes hineingeführt werde, begegne ich mir selbst auch in neuer Weise. Das Denken in Bildern ist nie dogmatisch, es will vielmehr die Wahrheit aufleuchten lassen. Legen wir die Schrift so aus, daß sie unser Leben neu auslegt, daß wir mit der Schrift Gott und uns selbst besser verstehen und darin das Heil erfahren, das Jesus Christus uns geschenkt hat und uns in der Schrift immer wieder schenken möchte.

II. AUSLEGUNG VERSCHIEDE-NER TEXTGATTUNGEN

1. Heilungsgeschichten

Die tiefenpsychologische Auslegung eignet sich am besten für die Auslegung der Heilungsgeschichten. Die Exegeten sind sich heute darüber einig, daß Jesus Kranke geheilt hat. Aber die Frage ist, ob wir Jesus heute zutrauen, daß er uns zu heilen vermag. Eine heilende Bedeutung bekommen die Heilungsgeschichten der Bibel erst dann, wenn wir uns in den Kranken wiederfinden können und wenn wir als diese Kranken Jesus begegnen und uns mit unseren Wunden und Verletzungen ihm hinhalten. Die Krankheiten, die Jesus heilt, sind immer psychosomatische Krankheiten. Sie haben etwas mit unserer Seele zu tun. Bei den Kranken in der Bibel haben sich die seelischen Haltungen somatisiert. Manchmal spüren wir die gleichen körperlichen Symptome wie die Menschen in den Heilungsgeschichten. Aber auch wenn wir körperlich gesund erscheinen, können wir die Haltungen in uns wahrnehmen, die die biblischen Krankheiten beschreiben. Wir brauchen nur wieder auf die Sprache des Volksmundes hören, die unsern Zustand in den Bildern der Krankheiten beschreibt, die Jesus heilt: Wir fühlen uns oft gelähmt, blockiert. Wir können nicht aus uns heraus. Wir sind gehemmt, die Lähmung fesselt uns. Oder wir sind blind, wir haben blinde Flecken, die wir einfach nicht wahrnehmen. Oder wir verschließen die Augen vor der eigenen Wahrheit und vor der Wahrheit unserer Welt, vor den Notleidenden, vor den Armen und Kranken um uns herum. Wir sind taub, wir wollen nicht hören, wir halten uns die Ohren zu

29

vor dem Lärm um uns herum, aber auch vor Kritik und Zurechtweisung. Wir fühlen uns wie aussätzig, wir können uns nicht ausstehen, wir fühlen uns ausgeschlossen, den Blicken der andern ausgesetzt. Wir sind wie besessen, hin- und hergezerrt von den verschiedenen Wünschen und Bedürfnissen, wir richten unsere Aggressionen gegen uns selbst, wie der Besessene von Gerasa, der sich mit Steinen schlägt. Wir hausen in den Grabhöhlen, wir ziehen uns zurück und warten doch darauf, daß jemand kommt, um zu sehen, wie es uns geht. Wir sind wie tot, vieles ist in uns abgestorben, starr und leblos geworden.

Die Heilungsgeschichten beschreiben uns unseren Zustand, wie er unter der Oberfläche eines erfolgreichen Lebens schamhaft verborgen ist. Sie wollen uns ermutigen, ehrlich anzuschauen, wie es uns wirklich geht. Von alleine trauen wir uns oft nicht, der Wirklichkeit unseres Herzens ins Auge zu sehen. In den Heilungsgeschichten treffen wir auf Menschen, die genauso krank und verwundet sind wie wir. Und sie werden in der Begegnung mit Jesus geheilt. Nur von der Heilung ihrer Krankheiten her können wir es wagen, auch die eigenen Wunden zu betrachten und sie im Gebet und in der Meditation Christus hinzuhalten, damit er sie heile. Dabei ist es hilfreich, wenn wir genau die Schritte anschauen, mit denen Jesus die Kranken heilt. Sie beschreiben oft Prozesse des Heilwerdens, die bei uns wesentlich länger dauern. Und doch sind sie in ihrer Reihenfolge wichtig. Sie zeigen uns, wie auch bei uns Heilung geschehen kann.

Was für die Heilungsgeschichten gilt, können wir auch für die Totenerweckungen anwenden, die das NT berichtet. Auch da könnten wir etwa beim Jüngling von Nain (Lk 7,11-17) fragen: Was ist der Jüngling in mir, der leben möchte und nicht leben kann? Was will in mir zum Leben kommen, was will aufblühen? Warum kann es nicht leben, warum ist der Jüngling in mir gestorben? Kann er nicht leben, weil er der einzige Sohn seiner Mutter ist? Wenn ich solche Fragen stelle, reduziere ich die Geschichte von der Totenerweckung nicht auf etwas rein Bildhaftes. Persönlich habe ich keine Schwierigkeiten, an die tatsächliche Erweckung toter Menschen durch Jesus zu glauben. Aber wenn ich nur beim Faktum stehenbleibe, ohne mich selbst in der Geschichte wieder zu finden, bleiben mir die Geschichten fremd. Deshalb ist es legitim, die Totenerweckungen auch bildhaft zu verstehen, damit sie mich hier und heute angehen. Als Beispiel möchte ich zwei Heilungsgeschichten und eine Totenerweckung kurz tiefenpsychologisch deuten. Dabei übergehe ich die Heilungsgeschichten, die Drewermann ausgelegt hat und die ich in meinem Buch "Bilder von Seelsorge"[8] schon behandelt habe.

Bei meinen Kursen über tiefenpsychologische Schriftauslegung lade ich die Teilnehmer ein, die Heilungsgeschichten mit folgenden Fragen zu bearbeiten:

1. Welche Krankheit wird hier beschrieben, wie wird sie beschrieben? Welche seelische Haltung drückt sich in der Krankheit aus? Was könnten die psychischen Ursachen sein? Versuche, zu den Bildern der Krankheit zu assoziieren! Welche Bilder und Assoziationen fallen Dir ein?

2. Wie weit findest Du Dich im Kranken wieder? Welche Menschen kennst Du, auf die die Beschreibung der Krankheit zutrifft? Was wird in Dir selbst angesprochen, welche psychischen Haltungen, welche Erfahrungen?

3. Wie geschieht die Heilung in der Geschichte? Welche Schritte tut der/die Kranke, was tut Je-

sus? Versuche, die äußeren Schritte als innere zu verstehen!

4. Wie könnte für Dich Heilung geschehen? Traust Du Jesus zu, daß er Dich heilt? Was bedeuten die Schritte der Heilung, wie sie die Geschichte erzählt, für den Prozeß Deiner Heilung? Wo geschieht für Dich Heilung?

5. Versuche, Dich mit dem/der Kranken zu identifizieren und mit ihm/ihr ein Gespräch zu beginnen! Und dann spreche mit Jesus über Dich und Deine Krankheit!

Joh 5,1-9

Beim Schaftor in Jerusalem liegt der Teich Betesda. Betesda heißt Haus der Barmherzigkeit. Das Wasser in diesem Teich wallt von Zeit zu Zeit auf, vermutlich durch eine intermittierende Quelle. Von der Siloa-Quelle wissen wir, daß sie im Sommer zweimal und im Herbst einmal täglich Wasser ausstieß. In diesen Hallen liegen viele Kranke und warten jeweils auf das Aufwallen des Wassers, dem man eine heilende Wirkung zuschrieb. Unter den Kranken sind Blinde, Lahme und Verkrüppelte oder Ausgezehrte, wie Schnakkenburg übersetzt. Unter ihnen liegt ein Mann, der seit 38 Jahren krank ist. Es wird nicht gesagt, welche Krankheit er hat. In der Tradition nimmt man an, daß er gelähmt war. Aber da Johannes das offen läßt, können wir uns in dem Kranken wiederfinden, ganz gleich ob wir nun blind oder gelähmt oder verkrüppelt sind. Vielleicht haben wir die Augen vor der Wirklichkeit verschlossen und haben uns so selber ausgeschlossen aus dem Haus des Lebens. Vielleicht sind wir lahm geworden. Die Angst kann uns lähmen oder auch die Verdrängung von Bedürfnissen und Wünschen. Wir fühlen uns oft genug gelähmt, blockiert, wir können nicht aus uns heraus. Wir sind gehemmt.

Die Angst, zu versagen, einen Fehler zu machen, hemmt uns daran, auf andere zuzugehen, etwas anzupacken. Jung meint, "daß die Unterdrückung der Individualität des Kindes durch den Elterneinfluß wenigstens eine psychische Vorbedingung zu einer Lähmungskrankheit sein kann" (Briefe II, 269). Wenn die Eltern uns nicht leben lassen, wie es unserem Wesen entspricht, dann reagiert der Körper mit einer Lähmung. "Xeros", ausgezehrt, vertrocknet, verkrüppelt, beschreibt eine ähnliche Haltung. Die Glieder sind vertrocknet, abgestorben, sie haben keine Kraft mehr. Man kann sie nicht mehr bewegen. Die Hand kann verdorrt sein (vgl. Mk 3,3). Dann geht nichts mehr aus von einem Menschen. Er packt nichts mehr an, er zieht sich zurück. Oder die Beine sind verdorrt. Dann kann er sich nicht mehr bewegen, er kann nicht mehr dorthin gehen, wohin er gerne möchte. So geht es dem Kranken in dieser Geschichte.

Schon 38 Jahre lang ist er krank. Manche Kirchenväter deuten die Zahl symbolisch und beziehen sich auf Dtn 2,14: "38 Jahre waren wir unterwegs". 38 Jahre mußte Israel durch die Wüste ziehen, bis alle waffenfähigen Männer aus Israel ausgestorben waren. 38 Jahre lang war der Mann krank, 38 Jahre lang in der Wüste. Alle Kraft war gewichen, alles "Waffenfähige", alle Widerstandskraft dahin. Er konnte nicht mehr kämpfen. Er hatte sich aufgegeben. Aber vielleicht war das die Bedingung dafür, daß er ins Haus der Barmherzigkeit gelangen und dort Gottes Erbarmen erfahren konnte. In fünf Schritten heilt Jesus nun den Kranken. Der erste Schritt ist das Sehen. Jesus sieht den kranken Mann liegen. Sehen und Angeschautwerden ist die erste Bedingung, daß ein Mensch gesund werden kann. Der zweite Schritt ist das Erkennen. Jesus erkennt sofort, daß der

Mann schon lange krank ist, daß er sich innerlich schon aufgegeben hat, daß er ausgezehrt und lahm geworden ist. Erkennen heißt zugleich verstehen. Jesus versteht die Krankheit, er sieht die Ursache, er schaut nicht auf die Symptome, sondern auf das Herz. Der dritte Schritt besteht in der Frage Jesu: "Willst du gesund werden?" Wenn einer gesund werden will, muß er es selbst wollen. Jesus spricht mit dieser Frage den Willen des kranken Menschen an. Er verweist ihn auf sich selbst. Gesundwerden ist seine eigene Entscheidung. Er kann es nicht an den Arzt delegieren. Er muß selbst gesund werden wollen. Er muß sich selbst für das Leben entscheiden. Viele bleiben krank, weil sie sich in ihrer Krankheit eingerichtet haben, weil ihnen die Krankheit einen Vorteil bringt, einen sekundären Lustgewinn, wie die Psychologie sagt. Sie brauchen nicht mehr zu kämpfen, sie werden von andern gepflegt, umsorgt. Sie fallen zurück in das kindliche Verhalten, daß die Mutter schon für alles sorgen wird. Sie geben sich selbst auf. Mit seiner Frage will Jesus das Ich des Kranken ansprechen, bevor er seinen Körper heilt. Er will, daß der Kranke erst zu sich selbst findet, bevor er seinen Weg zu den Menschen gehen kann.

Der vierte Schritt ist das Zuhören. Jesus hört den Kranken an und hört ihm zu. Er läßt ihn ausreden. Was der Kranke sagt, klingt zunächst wie eine Entschuldigung. Ich kann doch nichts dafür, daß ich krank bin. "Ich habe keinen Menschen, der mich, sobald das Wasser aufwallt, in den Teich trägt." Weil er keinen Menschen hat, der ihm zur Seite steht, kann er nicht gesund werden. Das kann eine Ausrede dafür sein, daß er selbst gar nicht gesund werden will, daß er sich nicht genügend anstrengt. Es kann aber auch eine genaue Beschreibung seiner Krankheit sein. Er ist krank,

weil er keinen Menschen hat. Im Griechischen ist
es noch prägnanter: "anthropon ouk echo, einen
Menschen habe ich nicht." Viele Menschen sind
heute krank, weil sie keinen Menschen haben, der
sie anspricht, der in ihnen den Willen zum Leben
hervorruft, der ihnen Lust am Leben schenkt. Sie
fühlen sich wertlos, vertrocknet, ausgezehrt, weil
niemand sie liebt, weil sie niemand durch die
Liebe zum Leben lockt. Der Mensch kann nur
gesund leben, wenn er Liebe erfährt und Liebe
schenken kann. Ohne Beziehung verdorrt sein
Leben. Die Beziehungslosigkeit macht ihn krank.
Der Kranke im Evangelium vermißt einen Menschen, der ihn in den Teich trägt, sobald das
Wasser aufwallt, einen, der ihn mit dem Wasser in
Berührung bringt. Wasser kann Leben bedeuten.
Ein Mensch kann mich mit dem Leben in Berührung bringen. Ohne einen Menschen, der mich
liebt, fühle ich mich vom Leben abgeschnitten,
ausgeschlossen. Ohne einen Menschen kann das
Leben, kann die Liebe in mir nicht fließen, da
erstarrt alles in mir. Wasser ist aber oft auch ein
Bild für das Unbewußte. Der Kranke hat keinen
Menschen, der ihn in Beziehung bringt zu seinem
Unbewußten. So ist er abgeschnitten von der
eigenen Quelle, die in ihm sprudelt. Wir finden
den Zugang zum Unbewußten nicht allein, wir
brauchen die Begegnung mit einem Menschen,
der uns liebt, damit wir es wagen, in die eigene
Tiefe herabzusteigen, in der das Wasser aufwallt,
in der die inneren Quellen sprudeln.
Wie der Kranke sich fühlt, das wird deutlich aus
seinem Wort: "Während ich mich hinschleppe,
steigt schon ein anderer vor mir hinein." Er fühlt
sich benachteiligt. Andere sind schneller als er.
Andere liegen näher an der Quelle des Lebens.
Andere haben es leichter. Da hat er selber gar
keine Chance. Es ist aussichtslos, noch weiter zu

kämpfen, wenn die andern Platzvorteile haben. Zurückgesetzt, benachteiligt, behindert, ohne Hoffnung auf Heilung, so liegt der Kranke da. Er hat sich selbst aufgegeben. Jesus hört dem Kranken zu, ohne ihn zu unterbrechen. Er läßt ihn solange zu Wort kommen, wie er es braucht. Aber dann antwortet er nicht, indem er auf seine Argumente eingeht und mit ihm darüber diskutiert, sondern indem er befiehlt: "Steh auf, nimm deine Bahre und geh!" Es hat keinen Zweck, sich weiter im Selbstmitleid zu baden. Jetzt muß er einfach aufstehen, aufstehen gegen die Resignation, aufstehen gegen die Angst, aufstehen gegen alles, was Leben behindert. Wir würden gerne aufstehen, wenn wir keine Hemmungen mehr hätten, wenn wir nun sicher auftreten könnten. Doch Jesus befiehlt ihm, er solle seine Bahre nehmen. Die Bahre, das Bett, ist Zeichen der Krankheit, der Lähmung, der Hemmung, der Unsicherheit. Wir sollen das Bett als Zeichen unserer Krankheit unter den Arm nehmen und spazierentragen. Wir sollen mit unserer Unsicherheit und mit unsern Hemmungen aufstehen und unsern Weg gehen. Gesund werden heißt nicht, daß wir alle Lähmungen und Hemmungen einfach abschütteln könnten, sondern daß wir anders damit umgehen. Wir sollen sie wie ein Bett unter den Arm nehmen und mit uns herumtragen. Dann fesselt uns die Unsicherheit nicht mehr, sondern wir gehen mit ihr durchs Leben, ohne daß sie uns noch am Leben hindert. Der Mann hat das verstanden. "Sofort wurde der Mann gesund, nahm seine Bahre und ging." Das Wort Jesu hat ihn gesund gemacht. Die Begegnung mit Jesus hat seinen Willen zum Leben gestärkt. Jesus hat ihn nicht in den Teich geführt, sondern mit sich selbst in Berührung gebracht, mit der Quelle in ihm selbst, die Kraft genug hat, ihn am Leben zu halten.

Ich kann die Heilungsgeschichte so anschauen, daß ich mich mit dem Kranken identifiziere und mich in der Meditation oder in der Eucharistiefeier Jesus hinhalte, damit er mich heilt. Ich kann die Geschichte aber auch auf der Subjektstufe deuten. Dann wäre Jesus ein Bild für mein Selbst, für den Teil in mir, der gesund ist und ganz, der mit Gott eins ist. Mein Selbst muß erst in Beziehung kommen zu dem Verkrüppelten und Lahmen in mir, zu dem, was nicht leben möchte und nicht lebensfähig ist. Ich muß das Kranke anschauen und erkennen, was die Ursache meiner Krankheit ist. Ich muß ein Gespräch mit dem Kranken in mir führen. Der kranke Teil in mir darf jammern und seine Not artikulieren. Aber mein Selbst darf sich davon nicht mitreißen lassen. Es braucht den Abstand und muß aus dieser inneren Distanz zu dem Kranken in mir das kraftvolle Wort sagen: "Steh auf, nimm deine Bahre und geh!" Die Heilung wäre dann ein Geschehen in mir selbst. Und Jesus als der Archetyp des Selbst stünde dann für den inneren Heiler, für den Meister in mir, der genau weiß, was für mich richtig ist, für den Arzt in mir, der durch die Begegnung mit dem Arzt Jesus Christus in der Meditation und in der Eucharistiefeier immer wieder hervorgelockt und gestärkt wird. Die dritte Weise, die Heilungsgeschichte anzuschauen, wäre, daß ich mich mit Jesus identifiziere. Jesus zeigt mir meine eigenen Möglichkeiten auf. Indem ich sein Bild betrachte, komme ich in Berührung mit meiner Fähigkeit, für andere der Mensch zu sein, der sie ins Wasser, ins Leben führt, der sie in die eigene Tiefe führt, hin zu den Quellen auf dem Grund der Seele. Dann könnte die Geschichte ein Bild für ein neues Miteinander sein, Bild für Seelsorge und Beratung, ein Bild, mit dem uns Jesus einladen würde, füreinander zu Menschen zu werden, die im Haus der Barmherzigkeit einander sehen, verstehen, ansprechen, zuhören und zum Leben wecken.

Joh 9,1-12

Jesus heilt einen Mann, der von Geburt an blind war. In der Einleitung wehrt sich Jesus dagegen, daß da jemand schuld sei an der Blindheit, weder die Eltern noch er selbst hätten die Blindheit durch ihre Sünde verursacht. Hier soll Gottes Herrlichkeit am Blindgeborenen sichtbar werden. Trotzdem können wir uns in einen Menschen hineinmeditieren, der von Geburt an blind ist. Wie muß es im Herzen eines Menschen aussehen, der von Kind an die Augen verschließen muß vor der Realität? Vielleicht kann er die Konflikte zwischen den Eltern nicht mehr anschauen. Vielleicht muß er die Augen vor der Unbarmherzigkeit und Härte, vor der Gefühlskälte und vor der Erstarrung der Familie zuhalten. Vielleicht hat ihn selber soviel Leid getroffen, daß er nicht mehr hinsehen kann. Wir alle haben unsere blinden Flecken. Und manchmal geht es uns so schlecht, daß wir gar nichts mehr sehen wollen, daß wir einfach die Augen schließen. Wir wollen unsere Situation nicht anschauen, wir machen die Augen zu vor der Not der Menschen um uns herum und vor dem Leid der ganzen Welt. Es würde uns überfordern. Wir können es gar nicht mit ansehen, was alles geschieht.

Jesus heilt den Blindgeborenen in drei Schritten. Zuerst spuckt er auf die Erde und macht mit dem Speichel einen Teig. Der Speichel ist etwas sehr Intimes. Ich gebe von mir selbst etwas her. Und er ist Symbol für das Mütterliche. Die Mutter wischt mit Speichel den Schmutz aus dem Gesicht des Kindes. Die Geborgenheit, die die Mutter ausstrahlt, ist also die erste Voraussetzung, daß ein Mensch es wagt, seine Augen zu öffnen und die

Wirklichkeit so anzusehen, wie sie ist. Ein Kind, das vor Schreck die Augen verschließt, wird die Augen wieder aufmachen, wenn die Mutter es auf den Arm nimmt. Wenn es die Nähe der Mutter spürt, vergeht die Angst, die oft genug die Ursache unserer Blindheit ist. Wir haben Angst, uns selbst anzuschauen. Es könnte ja etwas in uns nicht stimmen. Wir könnten ja entdecken, daß wir Schuld auf uns geladen haben, daß wir krank sind, daß wir psychische Probleme haben. Aus Angst, wir seien nicht ganz normal, verschließen wir die Augen. Da brauchen wir einen, der uns Vertrauen und Geborgenheit schenkt, um unsere Augen wieder öffnen zu können.

Mit dem Speichel und dem Dreck der Erde macht Jesus einen Teig, den er dem Blinden auf die Augen streicht. Jesus beugt sich also zur Erde, zum Humus, um aus dem Humus einen Teig zu bilden. Mit Humus hängt humilitas, Demut, zusammen, und Humor. Eine Ursache der Blindheit ist der Stolz, die Hybris, die Überheblichkeit, mit der ich mich über meine Wirklichkeit hinwegsetze, die Humorlosigkeit, mit der ich mich selber sehe und gegen allen Schmutz der Welt anrenne. Ich identifiziere mich sosehr mit meinem Idealbild, daß ich mich weigere, meine Wirklichkeit anzuschauen, meine Erdhaftigkeit, meine Menschlichkeit anzunehmen. C.G. Jung nennt den Stolz Inflation. Ein Mensch bläht sich auf, er identifiziert sich mit einem Archetyp, der immer größer ist als der Mensch, z.B. mit dem Archetyp des Heiligen, des Reformators oder des Märtyrers. Dann wird er blind für seine eigene Wirklichkeit. Er muß die Augen immer mehr verschließen, um in seinem Idealbild nicht erschüttert zu werden. Alle andern sehen seine blinden Flecken. Nur er weigert sich beständig, sie wahrzunehmen. Er hält an seiner Illusion fest.

Jesus streicht den Teig aus Speichel und dem Schmutz der Erde dem Blindgeborenen auf die Augen. Er bringt ihn also in Berührung mit seinem eigenen Schatten, mit seiner Erdhaftigkeit und Menschlichkeit. Weil er den Schmutz in sich nicht sehen wollte, ist er blind geworden. Jetzt muß er liebevoll in Berührung gebracht werden mit dem Dreck seiner Seele, damit er ihn mit einem guten und milden Blick anschauen kann. Es ist ein warmer Teig, den Jesus da liebevoll auf die Augen streicht. Behutsam will er ihn auf den inneren Schmutz hinweisen. Nur wenn er bereit ist, ihn wahrzunehmen, kann er die Augen für die ganze Wirklichkeit öffnen. Vielleicht ist es auch ein Symbol für die Neuschaffung des Menschen. Wie Gott den Adam aus dem Staub der Erde schuf, so schafft Jesus den Blindgeborenen neu. Er erinnert ihn daran, daß er als Mensch aus dem Staub genommen ist, daß er seine Erdhaftigkeit und Menschlichkeit annehmen muß, um wirklich leben zu können. Immer wenn sich der Mensch in seine Ideale flüchtet und sich von der Erde erheben will, wird er blind und krank. Er muß sich aussöhnen mit dem Schmutz, den Jesus ihm vor Augen hält. Dann kann er wahrhaft Mensch sein. Jesus schickt nun den Mann zum Teich Schiloach, damit er sich dort wasche. Schiloach heißt der Gesandte. Es ist also Jesus Christus, der ihn heilt. Johannes sieht im Waschen im Teich Schiloach ein Bild für die Taufe. In der Taufe werden wir sehend. Von der hl. Odilia wird berichtet, daß sie als Blindgeborene in der Taufe sehend geworden ist. Die Frühkirche bezeichnete die Taufe als photismos, als Erleuchtung. Die Berührung mit Christus in der Taufe öffnet mir die Augen für die wahre Wirklichkeit, nicht nur für die Wirklichkeit meines Schattens, meiner Erdhaftigkeit und Menschlichkeit, sondern für den Grund aller

Wirklichkeit, für Gott selbst, der in allem ist und durch alles hindurchscheint. Der Glaube ist eine neue Weise des Sehens. Da sehe ich den Dingen auf den Grund, da entdecke ich Gott in allem, in der Schöpfung, in den Menschen, in mir, in den Ereignissen meines Lebens. Die Erleuchtung, die das Wasser der Taufe schenkt, besteht nicht in einer Vision, sondern in der Erfahrung, daß auf einmal alles durchlässig wird, daß alles stimmt, daß wir auf einmal ja sagen können zur Wirklichkeit, wie sie ist. Die Geschichte von der Heilung des Blindgeborenen will uns sagen, daß wir zu dieser Sicht des Glaubens nur dann gelangen, wenn wir bereit sind, die eigene Wahrheit anzuschauen, den Schmutz im eigenen Herzen zu sehen, um durch ihn hindurch wahrhaft sehend zu werden, Gott auf dem Grund unseres Herzens und auf dem Grund aller Wirklichkeit zu entdecken.

Joh 11,17-44

Die Auferweckung des Lazarus hat im Johannesevangelium zuerst eine theologische Bedeutung. Johannes zeigt uns, daß Jesus der Herr über Leben und Tod ist, daß er den Menschen auch aus dem Tod erretten kann. Wenn wir diese Geschichte tiefenpsychologisch auslegen, müssen wir immer darum wissen, daß wir nur einen Aspekt unter vielen betrachten. Aber vielleicht wird die Geschichte so auf neue Weise lebendig. Man könnte Lazarus und seine beiden Schwestern auf der Objektstufe als drei Geschwister sehen, die miteinander in einer Beziehung stehen, die den Lazarus nicht leben läßt. Lazarus hat offensichtlich neben seinen beiden Schwestern keine Chance. Er wird von ihnen überrollt, wie es eine Kursteilnehmerin ausdrückte. Marta und Maria agieren so stark in der Geschichte, daß für Lazarus kein

Platz mehr ist. Neben soviel Anima, neben soviel Mütterlichkeit kann er nicht leben. Er muß sterben. Die Schwestern umwickeln ihn mit Binden und verhüllen sein Gesicht mit einem Schweißtuch. Sie binden ihn so stark, daß er nicht mehr atmen kann, sie vereinnahmen ihn, daß er seine Freiheit einbüßt. Und sie verhüllen sein Gesicht, sie lassen seine Eigenart nicht durchkommen. Dann legen sie ihn ins Grab und wälzen einen Stein davor. Sie schieben den Toten ab, verstecken ihn hinter einem Stein. Dort liegt er vier Tage. Er riecht schon. Weil er abgeschlossen ist von jeder Beziehung, darum verwest alles in ihm, alles bekommt einen üblen Geruch. Verschlossen und eingewickelt, gebunden und verborgen hinter einem Schweißtuch kann Lazarus nicht leben. Und was nicht leben kann, was abgeschoben wird, das fängt an zu stinken.

Man könnte Maria, Marta und Lazarus auf der Subjektstufe auch als drei Anteile in einem selbst sehen. Dann wäre es ein Bild dafür, daß wir den Lazarus in uns nicht leben lassen, wenn wir zuviel Maria und Marta sind, wenn die anima in uns alles im Griff hat, wenn sie alles vereinnahmt, regelt, organisiert und bestimmt. Dann stirbt der animus ab. Dann geht jede Kreativität verloren. Oder aber man könnte es einfach so sehen, daß wir in uns einen Bereich abschieben. Wir wollen ihn nicht wahrhaben. Wir verschließen ihn hinter einem Stein. Aber alles, was wir verdrängen und abschieben wollen, das fängt an zu stinken. Das läßt uns nicht in Ruhe, "das stinkt uns", wie der Volksmund sagt. Vielleicht ist es die Aggression, die wir so unter Verschluß halten wollen, oder die Sexualität, oder unser Wunsch, etwas zu gestalten und zu formen, etwas zu wagen und zu riskieren. Irgendetwas in uns kann nicht leben, weil sich Maria und Marta in uns zu breit machen, weil einige Bereiche in uns dominant werden. Aber was wir nicht leben lassen, das schleicht sich wie ein inneres Gift in alle Fasern unseres Leibes und unserer Seele, das vergiftet uns, das wird zu einem giftigen Gestank in uns.

Die Heilung geschieht nun so, daß Jesus erst mit den beiden Schwestern spricht. Er bereitet sie erst darauf vor, daß ihr Bruder wieder zum Leben erweckt wird. Marta kommt Jesus entgegen und wirft ihm gleich vor, daß Lazarus nur deshalb gestorben ist, weil Jesus nicht da war. Als Jesus ihr sagt, daß ihr Bruder auferstehen wird, weicht sie aus ins Allgemeine. Ja, bei der Auferstehung der Toten wird er auferstehen. Und als Jesus sie nochmals auf ihren Glauben anspricht, antwortet sie wieder nur vage, daß sie an Jesus als Messias glaube. Nun geht sie weg und ruft heimlich ihre Schwester Maria. Maria steht sofort auf und geht auf Jesus zu. Sie fällt vor ihm nieder und macht den gleichen Vorwurf wie Marta: "Herr, wärst du hier gewesen, dann wäre mein Bruder nicht gestorben." Doch stärker als der Vorwurf ist der Schmerz. Sie weint. Als Jesus sie weinen sieht, ist er betroffen und er weint mit ihr. Maria und Jesus reden nicht aneinander vorbei, sondern sie weinen zusammen und im Weinen wächst eine innere Gemeinsamkeit, eine Gemeinschaft im Schmerz, ein Verstehen des andern ohne Worte.

Jesus geht nun "innerlich erregt" zum Grab und befiehlt, den Stein wegzunehmen. Marta wirft ein: "Herr, er riecht aber schon." Sie hat immer noch nicht verstanden, was Jesus tun will. Sie traut weder Jesus zu, daß er ihren Bruder auferweckt, noch ihrem Bruder, daß er wieder leben kann. Auf der Subjektstufe gesehen zweifeln wir selber oft daran, daß der Lazarus in uns leben kann, daß das Abgestorbene nochmals eine Chance hat. Es riecht doch schon. Es ist doch schon am

Zerfallen. Wir wollen es hinter dem Stein lassen, nicht mehr damit in Berührung kommen. Es wäre uns zu unangenehm, würde zu übel riechen. Doch Jesus setzt sich durch. Er läßt den Stein wegnehmen. Er deckt das Verweste auf. Es muß wieder in Beziehung kommen zu den beiden Schwestern, zu den andern Anteilen in uns. Nur dann kann es auferstehen. Und Jesus schaut zum Himmel empor. Er wendet sich an seinen Vater. Er stellt sich ganz intensiv in die Beziehung zum Vater. Und aus dieser Beziehung heraus ruft er mit lauter Stimme: "Lazarus, komm heraus!" Er spricht das Abgestorbene an, ruft in das Übelriechende hinein, lockt es hervor. Und Lazarus kommt heraus, noch mit Binden umwickelt und auf dem Gesicht das Schweißtuch. Jesus befiehlt nun: "Löst ihm die Binden, und laßt ihn weggehen!" Das Abgestorbene muß aus seinem Versteck heraus, es muß freigelegt werden, gelöst werden von den Tüchern, in die wir es eingewickelt haben.

Wenn wir die Geschichte so lesen, so bekommt sie für uns eine neue Bedeutung. Sie ist dann nicht nur Beweis für die Macht Jesu, einen Toten aufzuerwecken, nicht nur Zeichen für die Liebe Jesu, die menschlich mitfühlen und weinen kann, sondern sie wird unsere Geschichte. Wir können uns in diesem Lazarus wiederfinden. Wir könnten uns dann fragen, was wir in uns abschieben und hinter einem Stein verschließen, wem wir in uns keine Lebenschance geben, was wir einwickeln und binden und was nun in uns zu stinken anfängt. Wo bin ich beziehungslos? Wenn ich nicht mehr in Beziehung bin zu Gott, zu mir selbst, zu den Menschen, wenn ich hinter einem Stein abgeschnitten bin von jeder Beziehung, dann fängt alles in mir an zu verwesen, dann fällt alles in mir auseinander. Die Beziehung zu Gott, zu einem

Menschen, zu mir selbst hält das, was sonst in uns zerrissen und gespalten ist, zusammen. Ohne Beziehung habe ich keine Mitte, von der aus ich die auseinanderstrebenden Teile in mir zusammenhalten könnte. Beziehungslosigkeit ist wie Totsein. Die Psychologie sagt uns, daß die Krankheit unserer Zeit die Beziehungslosigkeit ist. Wenn ein Mensch unfähig ist zu einer menschlichen Beziehung, dann verliert er auch die Beziehung zu sich selbst, dann fühlt er sich nicht mehr, dann steht er wie neben sich, wie hinter einem Stein, dann ist er abgeschnitten von sich selbst, von seinem Herzen. Er kann dann auch keine Beziehung aufbauen zu den Dingen, weder zu seiner Wohnung, noch zu seiner Kleidung, noch zu irgendwelchen Geschöpfen. Die Verrohung, die viele Skinheads kennzeichnet, rührt aus dieser Beziehungslosigkeit. Man spürt sich selbst, die andern, die Dinge nicht mehr. Nur im Zerschlagen, in der Gewalt fühlt man sich überhaupt noch lebendig. Die Lazarusgeschichte möchte uns einladen, wieder in Beziehung zu kommen mit den Bereichen in uns, die wir abgeschoben haben, vor allem aber wieder in Beziehung zu kommen zu Jesus Christus, der das in uns verbinden und heilen kann, was in uns auseinanderdriftet. Wenn wir Jesus in das Abgestorbene in uns hineinrufen lassen, dann kann auch in uns Lazarus auferstehen und leben.

2. Gleichnisse

Die Gleichnisse tiefenpsychologisch auslegen heißt zuerst, sich in die Gefühle hineinspüren, die ein Gleichnis anspricht und voraussetzt. Es genügt nicht, wenn wir nur auf das tertium comparationis, auf den Vergleichspunkt schauen und die ganze Einkleidung des Gleichnisses überspringen. Es geht vielmehr darum, die Gefühlslage der Hörer zu erkennen. Das Gleichnis will die Gefühle des Hörers so zur Sprache bringen, daß sich der Angesprochene mit den Personen des Gleichnisses identifizieren kann. Jesus holt im Gleichnis den Hörer dort ab, wo er steht. Der Hörer fühlt sich verstanden und ernstgenommen. Aber dann eröffnet er auf einmal eine neue Sichtweise. Er durchbricht die Denkweise des Hörers und öffnet den Blick auf Gott hin als das eigentliche Ziel unseres Lebens. Drewermann meint, die Gleichnisse würden unsere Antriebe auf ein jenseitiges Ziel hin umlenken und unsere Affekte sublimieren (Vgl. II,729). Die Gleichnisse sprechen unsere Wünsche und Bedürfnisse, unsere Triebe und unsere Sicht der Dinge an, aber auf unmerkliche Weise lenken sie unsere Triebe auf ein neues überweltliches Ziel. Drewermann spricht von der Kunst des Gleichnisses, "den Hörer ... derart zu verzaubern, daß er aus der Welt seiner bisherigen Erfahrung in eine andere Welt versetzt wird, die seiner eigenen zwar vollkommen widerspricht, aber dennoch seinen recht verstandenen Wünschen auf das sehnlichste entspricht". (II,731) Viele Gleichnisse reden überhaupt nicht von Gott. Sie schildern einfach Erfahrungen aus dem menschlichen Alltag. Oft genug beschreiben sie unmoralische Verhaltensweisen der Menschen, nicht um sie zu rechtfertigen, sondern einfach als Tatsache. Bei solchen Gleichnissen, etwa beim Gleichnis vom ungerechten Verwalter (Lk 16,1-8) oder vom gottlosen Richter (Lk 18,1-8), geht es darum, die Gefühle der beschriebenen Personen "möglichst intensiv mitzuempfinden und mitzugenießen, um eben dadurch geläutert zu werden". (II,732) Wenn wir eine Leidenschaft zu Ende denken, dann schlägt sie um in Sehnsucht nach

46

Gott, in Leidenschaft für Gott. Durch das Abschneiden unserer Leidenschaft werden wir in unserer Vitalität geschwächt. Das führt dann auch zu einer faden und langweiligen Frömmigkeit. Jesus lobt die Klugheit des unehrlichen Verwalters. Er hat leidenschaftlich gelebt. Wer leidenschaftlich lebt, hat etwas von Gott verstanden, der kann auch leidenschaftlich Gott lieben. Die Kinder des Lichtes aber leben oft auf Sparflamme. Weil sie nichts wagen, wird auch ihr geistliches Leben leidenschaftslos, trocken und langweilig. Jesus lädt uns in den Gleichnissen ein, die Leidenschaft eines rigorosen Egoismus, einer unbedenklichen Machtausübung, eines extremen Sicherheitsstrebens mitzuempfinden und zu Ende zu fühlen, bis die Leidenschaft verwandelt wird und umschlägt in ein Gespür für Gott, in Leidenschaft für Gott. Es geht nicht um Verdrängung der Leidenschaft, sondern um ihre Verwandlung. Die Gleichnisse nehmen unsere Gefühle und Leidenschaften ernst, sie erheben nicht den moralischen Zeigefinger. Sie beschreiben einfach, was in unserem Herzen ist. Alles darf sein. Aber wenn wir uns auf die Gleichnisse einlassen, dann werden sich unmerklich unsere Gefühle und Leidenschaften verwandeln, so daß wir mit unserer ganzen Kraft und allen unseren Leidenschaften auf Gott hin ausgerichtet werden.

Zur persönlichen Bearbeitung eines Gleichnisses gebe ich meinen Kursteilnehmern folgende Fragen zur Hand:

1. Was ist die Gefühlslage, die das Gleichnis beschreibt und voraussetzt? Welche Erfahrungen spricht Jesus mit dem Gleichnis an, welche Wünsche, welche Enttäuschungen, welche Nöte?

2. Wie geht Jesus auf die Situation des Hörers ein und wie vermittelt er ihm eine neue Sichtwei-

se? Wie beschreibt Jesus die Gefühle des Hörers und wie gelingt es ihm, sie zu verwandeln?

3. Es gibt verschiedene Wege, wie Jesus dem Hörer eine neue Sicht vermitteln kann,
   - indem er die Haltung des Hörers aufgreift und sie so übertreibt, daß sie ad absurdum geführt wird,
   - indem er mit Erfahrungen aus dem täglichen Leben oder mit Bildern aus der Natur auf die Frage des Hörers antwortet,
   - indem er die Gefühle des Hörers behutsam verwandelt.

   Welcher Weg wird hier im Gleichnis beschritten?

4. Was ist die frohe Botschaft des Gleichnisses? Welches Bild von Gott und welches Menschenbild wird hier vermittelt und welche Gottes- und Menschenbilder werden ad absurdum geführt?

Mt 25,1-13

Zwei Eindrücke drängen sich beim ersten Lesen dieses Gleichnisses auf. Zum einen ärgert man sich über die 5 klugen Jungfrauen, daß sie so egoistisch sind und ihr Öl nicht mit den andern teilen. Zum andern wehrt man sich gegen diesen Gott, der die Türe verschließt, nur weil die törichten Jungfrauen etwas zu spät kommen. Die Gefühle des Ärgers, die beim Lesen eines Gleichnisses auftauchen, sind immer ein wichtiger Schlüssel zum richtigen Verständnis des Gleichnisses. Dort wo es mich ärgert, will mich Jesus ansprechen und meine Sichtweise verwandeln.

Das Himmelreich wird hier mit zehn Jungfrauen verglichen, die dem Bräutigam entgegengehen. Hochzeit ist auch in den Träumen immer ein Bild der Menschwerdung, der Gegensatzvereinigung, der Ganzwerdung. 10 Jungfrauen sind es. 10 ist ein Bild für Ganzheit. Aber hier sind von den 10 Jungfrauen nur 5 klug, die andern 5 werden als töricht bezeichnet. Die klugen nehmen neben den Lampen auch Öl mit, um dem Bräutigam entgegen zu gehen. Sie möchten ihn vom Haus der Braut zur Hochzeitsfeier begleiten. Doch da man oft lange noch über die Brautgeschenke verhandelte, konnte sich das Kommen des Bräutigams herauszögern. Mitten in der Nacht aber erschallt der Ruf: Der Bräutigam kommt. Die klugen Jungfrauen können mit ihm feiern, die törichten müssen erst Öl kaufen und kommen zu spät zum Hochzeitssaal.

Das ist die äußere Realität. Was aber ist die innere Aussage dieses Gleichnisses? Das Gleichnis spricht im Bild der Hochzeit von der Ankunft des inneren Gottesreiches. Das Himmelreich ist ein Hochzeitsfest, das Gott für uns veranstaltet. Gott vereint in uns die Gegensätze, er fügt zusammen, was in uns getrennt ist und was wir nicht miteinander verbinden können. Der Bräutigam ist Christus, der immer auch ein Symbol für das Selbst ist. Christus will sich mit uns vereinen, mit unserer Seele als Braut. Aber wir müssen wachsam sein, wir müssen bewußt leben. Wir müssen die Lampen unseres Bewußtseins anzünden und wir müssen damit rechnen, daß mitten in der Nacht, in unserm Traum, in unserem Unbewußten auf einmal etwas hereinbrechen kann. Die törichten Jungfrauen stehen für das unbewußte Leben. Sie warten auch auf den Bräutigam, aber sie haben ihren Verstand nicht mitgenommen. Sie haben das Öl vergessen. Unser Prozeß der Menschwerdung aber geschieht oft in plötzlichen Erfahrungen, Erlebnissen und Verwandlungen. "Ganz unerwartet können sich innere Ereignisse vollziehen. Man weiß nie, was in den inneren Tiefen vorgeht, und wenn das große Ereignis der

Vereinigung beginnt, müssen wir darauf vorbereitet sein. Es kommt eine Zeit, wo es zu spät sein kann, nicht deshalb, weil wir zu alt wären, sondern deshalb, weil wir so lange in Unbewußtheit dahinvegetiert haben, daß unsere Finsternis zu dicht geworden ist, um noch erhellt werden zu können." (Sanford 180)

Nicht Gott ist so grausam, daß er uns vom Hochzeitssaal ausschließt, sondern wir können zu spät kommen, wenn wir zu unbewußt leben. In den Träumen kommt das Motiv des Zuspätkommens häufig vor. Und das Gleichnis ist wie ein Traum vom Zuspätkommen zu deuten. Wenn wir vom Zuspätkommen träumen, dann ist das immer ein Zeichen, daß wir noch zu sehr an der Vergangenheit hängen, daß wir noch zu wenig bewußt leben. Und der Traum ist dann eine Mahnung, achtsamer zu leben, gegenwärtiger zu werden. Der Traum sagt nicht, daß wir wirklich zu spät kommen. Er mahnt uns vielmehr, daß wir bewußter in unser Herz schauen sollen, um zu erkennen, was Gott darin tun will. Dann werden wir nicht zu spät dran sein. "Wirklich zu spät ist es nur dann, wenn die bewußte Einstellung des Menschen so starr und verhärtet ist, daß die Reise zur inneren Hochzeit gar nicht erst stattfindet." (ebd 180) So will uns das Gleichnis mahnen, zu wachen, bewußt zu leben, bewußt in unsere Nacht hineinzuschauen, ob wir nicht den Bräutigam entdecken. Dabei geht es behutsam mit uns um. Wir dürfen auch einmal einschlafen wie die klugen Jungfrauen. Wir müssen nur fest damit rechnen, daß der Bräutigam kommen wird. Wir müssen nur Öl mitnehmen, wir müssen uns dafür bereiten, daß es länger dauern kann. Wir müssen unser Leben ernst nehmen, so wie es ist, mit seinen langen Wachstumsprozessen. Dann werden wir es nicht versäumen, wenn der Bräutigam kommt.

Mitten in der Nacht kommt der Bräutigam, um mit uns Hochzeit zu feiern. Mitten im Traum kann Gott uns auf einmal zeigen, daß wir schon auf dem Weg sind zur Ganzwerdung, daß Christus in unserer Seele schon angekommen ist, um sie mit Gott zu vereinen. Wenn wir wachsam sind, dann wird die Tür vor unseren Augen nicht zugeschlagen werden. Jesus will uns in diesem Gleichnis dazu einladen, mit den törichten Jungfrauen zu fühlen, unsere Argumente zuzulassen, daß das doch gar nicht so schlimm sein kann, wenn man etwas vergeßlich ist. Jesus nimmt unsere Gedanken und Gefühle ernst. Aber er führt sie so weit, daß sie umschlagen. Wenn wir wie die törichten Jungfrauen einfach dahinleben, dann kann es für uns zu spät sein. Wir haben gar nichts Böses getan, wir haben nur unbewußt gelebt. Aber unser Leben gibt es nur einmal. Wir können den rechten Zeitpunkt versäumen, da der innere Prozeß der Ganzwerdung in uns durchbrechen möchte. Wir können den Bräutigam versäumen. Und dann ist es wirklich zu spät. Nicht Gott ist dann grausam. Er läßt jedem von uns eine Chance. Aber unser Leben ist so strukturiert, daß wir es versäumen können. Nicht mit dem moralischen Zeigefinger arbeitet hier Jesus, sondern wie ein Traum, der uns mit der Gewißheit aufwachen läßt, daß wir unser Leben ändern müssen, daß wir bewußter und klarer leben müssen, wenn es gelingen will. Das Gleichnis stellt uns eine innere Aufgabe. Und es ist zugleich Verheißung. Unser Leben geht auf die Hochzeit zu, auf Vollendung, auf die Ganzwerdung und auf die Einswerdung mit Gott.

Lk 18,1-8
Das Gleichnis vom gottlosen Richter und der Witwe darf nicht auf den Satz reduziert werden, daß wir allzeit beten und nicht nachlassen sollen.

Denn wenn das Gleichnis nur diese Aussage machen möchte, bräuchten wir es nicht. Es geht auch hier darum, sich in die Gefühle dieser Witwe hineinzuspüren. Wie mag es einer Witwe gehen, die in einer Stadt lebt und von einem Feind bedrängt wird, die keine Lobby hat, niemanden, der sich für sie einsetzt, deren Recht auf Leben mit Füßen getreten wird? Nicht einmal der Richter, der dazu da ist, ihre Rechte durchzusetzen, will ihr helfen. Sie ist seiner Willkür ausgesetzt. Es ist eine Witwe, eine Frau, die keinen Mann mehr hat, der sie schützt, der für sie kämpft. Sie ist allein auf sich gestellt. Es ist eine Frau ohne animus, ohne Schutzhaut, verletzlich, allen Nadelstichen neidischer Menschen ausgesetzt. Es gibt Menschen, die sich nicht wehren können, die durch alles, was um sie herum geschieht, verwundet und verletzt werden. Jede Kritik schlägt sie wund, jedes Wort beziehen sie auf sich, ohne daß sie etwas dagegen setzen können. Sie haben keinen animus, keine Haut, die sie abhärtet gegen Sticheleien, gegen Verleumdung, gegen Verhöhnung. Sie sind wie Menschen, die man lächerlich macht, über die alle andern lachen, die sich aber nicht wehren dürfen, weil sie sonst Spielverderber wären. Lächerlich machen ist die subtilste Form von Machtausübung, weil man nichts dagegen setzen kann. So ähnlich muß es der Witwe gegangen sein. Ein Feind kann gegen sie machen, was er will. Niemand schreitet ein, niemand tritt auf die Seite der Witwe. Sie ist allein gelassen, bloßgestellt, sie rennt vergeblich gegen einen Feind an, der sich immer wieder zurückzieht und doch überall ist. Aber diese Frau läßt nicht locker. Sie kommt immer und immer wieder zum Richter und fordert ihn auf: "Verschaff mir Recht gegen meinen Feind! Handle endlich, tu etwas! Ich habe ein Recht zu leben. Ein Feind will mir mein Recht

nehmen." Es ist also eine mutige Frau, eine kämpfende Frau, die nicht aufgibt, auch nicht, als sie
merkt, daß der Richter überhaupt keine Achtung
hat vor dem Menschen und vor dem Recht. Es ist
ein gottloser Richter, der weder Gott fürchtet
noch auf einen Menschen Rücksicht nimmt, der
einfach seiner Willkür folgt. Die Witwe kämpft
solange, bis der Richter schließlich nachgibt, weil
er Angst bekommt, sie könnte am Ende noch
handgreiflich werden und ihm ins Gesicht schlagen. Er, der Mann, hat Angst vor einer Frau, die
ihn schlagen könnte. Und so verschafft er der
Witwe ihr Recht. Jesus erzählt so, daß wir mit
dieser Frau fühlen, die ihr Recht erhält gegen alle
anfängliche Aussichtslosigkeit, daß in uns ein
Mut wächst gegen alle Resignation. Es lohnt sich
zu kämpfen. Wir haben ein Recht auf Leben. Und
Gott wird uns dieses Recht auch verschaffen.
Jesus vergleicht nicht Gott mit dem Richter, als
ob Gott nur dann hören würde, wenn wir ihm
lästig fallen. Jesus will uns vielmehr im Bild der
Witwe mitten in unserer Angst und Ohnmacht
ein Vertrauen vermitteln, das nicht aufgibt. Wir
müssen nur wie die Witwe um unser Recht kämpfen. Manchen Christen scheint das egoistisch zu
sein. Sie ergeben sich lieber in das Schicksal und
meinen, Gott habe es ihnen so geschickt. Es wäre
das Kreuz, das sie zu tragen hätten. Wir haben
aber ein Recht auf Leben. Jesus lädt uns aber auch
ein, die Gedanken des gottlosen Richters mitzudenken. Denn unwillkürlich finden wir uns mit
unseren heimlichen Gedankengängen in den
Überlegungen des Richters wieder. Auch wir
möchten oft ohne Furcht und Rücksicht auf irgendjemand sein, wir wollen einfach nur unseren
Launen folgen. Doch indem wir uns mit dem
Richter diese Gedanken erlauben, geraten sie
schon in eine Sackgasse. Sie führen nicht weiter,

schließlich müssen wir doch nachgeben, wenn uns einer so aufdringlich bittet wie die Witwe. Und dann schlägt unser rücksichtsloser Egoismus auf einmal um in Mitleid, in ein Gespür für die Not des andern. Wenn wir unsere Gedanken nicht gleich mit moralischen Maßstäben messen, wenn wir sie uns nicht verbieten, sondern sie immer wieder durchspielen und zu Ende denken, dann werden sie verwandelt, dann werden sie auf einmal offen für Gott und offen für die Menschen um uns herum.

Wir können das Gleichnis auch auf der Subjektstufe deuten. Dann sind die Witwe und der Richter zwei Seiten in uns. In uns ist die Witwe, die leben möchte und um ihr Leben kämpft. Es ist unsere Seele, die immer im Symbol einer Frau dargestellt wird. Sie möchte leben, sie ist aber verletzlich und ohne äußere Macht. Und in uns ist der gottlose Richter, der sich nicht darum kümmert, was in uns leben möchte. Der Richter ist die innere Instanz, die nur vom Kopf her lebt, die alles entwertet, was Gefühl ist, die das Schwache in uns unterdrückt und nicht hochkommen läßt. Aber die Witwe ist stärker. Gerade in unseren Schwächen, in unseren verwundeten und verwundbaren Bereichen will und kann sich wahres Leben entfalten. Die anima, die für das Leben in uns steht, ist stärker als die richtenden und abwertenden Gedanken. Und Jesus will uns darin bestärken, daß wir der Witwe in uns, daß wir unserer Seele Raum geben. Er zeigt uns, daß unser innerer Richter, der sich anfangs so erhaben dünkt, schließlich klein beigeben muß. Die Stadt ist bei der Deutung auf der Subjektstufe Bild für unser Leben, für das Haus unseres Lebens, in dem sich die inneren Kämpfe abspielen.

Das Recht, das Gott uns nach diesem Gleichnis verschaffen wird, wenn wir nur unablässig zu ihm beten, ist nicht als äußerliches Eingreifen Gottes gedacht. Vielmehr werden wir im Beten selbst schon unser Recht auf Leben erfahren. Wenn wir im Gebet in den Raum der Stille gelangen, zu dem kein Mensch Zutritt hat, dann erleben wir das Recht auf Leben. Dort in dem Ort, in dem Gott selbst in uns wohnt, im Grund unserer Seele, hat niemand Macht über uns, da kann uns keiner verletzen und verwunden, da haben die Menschen mit ihren feindlichen Gedanken keinen Zutritt, da dürfen wir wirklich aufatmen. Es wird weit in uns, wir spüren Leben, Freiheit, Weite.

3. Beispielerzählungen

Ähnlich wie die Gleichnisse sind die Beispiele zu sehen, die Jesus erzählt, um das Geheimnis unseres Lebens auszudrücken. Auf den ersten Blick möchten wir die Beispiele moralisch deuten. Sie scheinen uns zu ermahnen, genauso zu handeln wie die Personen der Geschichte. Aber erst wenn wir die Erzählungen Jesu als Bilder für unseren inneren Weg sehen, enthüllen sie uns ihre eigentliche Absicht.

Lk 16,1-8

Die Beispielerzählung vom ungerechten Verwalter hat den Auslegern seit jeher Schwierigkeiten bereitet. Die Einheitsübersetzung überschreibt die Erzählung mit "das Gleichnis vom klugen Verwalter". Aber vermutlich beruft sich Jesus hier auf ein wirkliches Ereignis. Er erzählt uns eine Geschichte, um uns am Beispiel eines Menschen, der ganz und gar nicht unseren moralischen Vorstellungen entspricht, etwas vom Geheimnis unserer christlichen Existenz aufleuchten zu lassen. Gerade die Unverfrorenheit, mit der der unehrliche Verwalter auf Kosten seines Herrn für sich selber sorgt, weckt das Interesse des Zuhörers und lädt ihn ein, seine eigenen Gefühle und Wünsche, seinen eigenen Egoismus und seine Schlauheit zu entdecken und zuzulassen. Wenn er sich von Jesus hineinführen läßt in das Herz dieses egoistischen und unbedenklichen Verwalters, dann kann er auf einmal eine andere Leidenschaft in sich entdecken: die Leidenschaft für Gott. Jesus erzählt so, daß die leidenschaftlichen Gefühle des Zuhörers nicht verurteilt, sondern behutsam verwandelt und auf Gott gerichtet werden.

Um die Geschichte auf uns beziehen zu können, müssen wir uns erst einmal fragen, zu wem Jesus spricht, welche Gefühle und Erfahrungen er da voraussetzt. Vermutlich erzählt Jesus das Beispiel des unehrlichen Verwalters Menschen, die sich schuldig fühlen, die trotz allen moralischen Strebens auf einmal feststellen, daß sie Schuld auf sich geladen haben. Andere zeigen mit Fingern auf sie, decken ihnen ihre Fehler auf. Aller Ehrgeiz, die Gebote Gottes zu erfüllen, hat nichts genützt. Sie fühlen sich unfähig, alle Gebote zu erfüllen. Sie geraten unweigerlich in Schuld. Aller guter Wille kann ihnen keine Garantie dafür geben, daß sie nicht schuldig werden. Oder es können Menschen sein, bei denen es um Kopf und Kragen geht. Sie haben auf Kosten anderer gelebt, sie haben verschleudert, was ihnen anvertraut war. Sie haben auf Kosten der Eltern gelebt, sie haben ihnen die Schuld für alles in die Schuhe geschoben und nie die Verantwortung für ihr Leben übernommen. Weil sie von den psychischen Möglichkeiten der Eltern gelebt haben und nicht aus der eigenen Quelle, haben sie über ihre Verhältnisse gelebt, sind sie unbewußt geblieben und unbewußt in die Katastrophe gestolpert. Jetzt geht es nicht mehr weiter. Jetzt sind sie in eine Sackgasse geraten. Jetzt geht es ihnen an den Kragen. Sie können nicht mehr so weiterleben, sie können sich nicht mehr davonstehlen und ihrer Situation nicht mehr ausweichen. Sie müssen sich stellen. Oder es sind Menschen, die von andern bei Vorgesetzten angeschwärzt werden und die sich nicht wehren können, die man gar nicht anhört, die verurteilt werden, ohne daß man mit ihnen redet, die sich irgendwelchen Intrigen und Verleumdungen ausgesetzt fühlen, ohne Chance, sich verteidigen zu können.

Der Verwalter wird vom Herrn gerufen, der von ihm Rechenschaft fordert. Aber er hat gar keine Gelegenheit, sich zu rechtfertigen. Er wird einfach abgesetzt. Der Verwalter überlegt ganz nüchtern. Völlig emotionslos versucht er, seine Situation richtig einzuschätzen. Er reagiert nicht kopflos, sondern aus einer inneren Distanz heraus. Er versucht nicht, den Herrn umzustimmen oder um Mitleid zu betteln. Er reagiert so auf die Situation, daß er seine Selbstachtung und Würde nicht verliert. Er beschuldigt sich nicht, sondern konstatiert einfach, daß der Herr ihm die Verwaltung entzieht. Dann überlegt er: "Zu schwerer Arbeit tauge ich nicht, und zu betteln schäme ich mich." Wenn wir die Situation der Zuhörer berücksichtigen, dann könnte man das so übersetzen: Es hat keinen Zweck, die Zähne zusammenzubeißen und die Askese zu verstärken. Ich werde mich nie perfekt machen können, ich werde immer den Idealen gegenüber zurückbleiben, ich werde immer wieder schuldig werden. Ich kann mich auch mit noch so großer Anstrengung nicht von meinen Schwächen und Fehlern befreien. Mancher, der von andern beschuldigt wird oder sich wirklich etwas zu schulden hat kommen lassen, versucht, sich mit Arbeit und Leistung zu beweisen, sich seine Anerkennung zu erarbeiten. Andere gehen den Weg des Sichkleinmachens. Sie erniedrigen sich, nehmen alle Schuld auf sich, entschuldigen sich überall und betteln um Zuwendung und Liebe. Der Verwalter macht sich nicht klein, er sieht seine Situation und überlegt, welche Möglichkeiten er hat, darauf so zu reagieren, daß er seine Selbstachtung nicht verliert.

Auf einmal kommt ihm ein Geistesblitz: "Ich weiß, was ich tun muß, damit mich die Leute in ihre Häuser aufnehmen." Er überlegt nicht, wie er zu mehr Geld kommt, sondern wie er von den Leuten aufgenommen und angenommen werden kann. Er denkt jetzt nicht nur an sich, sondern zugleich an die andern. Die Beziehung zu den andern wird ihm wichtig. Er steigt von seiner emporgehobenen Stellung als Verwalter herab und stellt sich auf die gleiche Ebene wie die Schuldner seines Herrn. Da er selbst schuldig geworden ist, ist das Beste, das er tun kann, andern Menschen, die auch schuldig sind, einen Teil ihrer Schuld zu erlassen. So muß er sich vor den Leuten nicht erniedrigen, er kann auch vor ihnen seine Achtung wahren. Er wird einer von ihnen. Und das nützt ihm nun selber. Er kann seine Schuld nicht rückgängig machen, aber er kann sie umwandeln in Solidarität mit den andern, die Schuld auf sich geladen haben. Der Verwalter nützt die Möglichkeiten, die ihm noch zur Verfügung stehen. Er läßt die Schuldner der Reihe nach kommen und ändert ihren Schuldschein. Er schadet damit nochmals seinem Herrn. Dessen Vermögen ist ihm gleichgültig. Egoistisch denkt er nur an sich selbst und an seine Zukunft.

Jesus lobt nun die Klugheit des unehrlichen Verwalters und sagt: "Die Kinder dieser Welt sind im Umgang mit ihresgleichen klüger als die Kinder des Lichtes." Er lobt nicht den Betrug, sondern die Klugheit. Der Verwalter hat alles auf eine Karte gesetzt. Er hat mit leidenschaftlichem Egoismus und mit unbedenklicher Raffinesse alles auf eine Karte gesetzt. Er hat den Ernst der Situation erkannt und das getan, was ihm allein an Möglichkeiten noch übrig blieb. "Kinder des Lichtes" nannten sich die Leute von Qumram. Es wurde aber auch zur Selbstbezeichnung der Christen. Die Kinder des Lichtes lassen oft die nötige Klugheit vermissen. Sie verkennen den Ernst der Lage und reagieren leidenschaftslos. Sie sind darauf aus, den Normen des Lichtes zu entsprechen, aber sie tun es nicht mit Leidenschaft. Oft genug leben sie auf Sparflamme, sie wollen perfekt sein, fehlerfrei, aber ihr Leben wird vor lauter Angepaßtsein langweilig und steril. Jesus will uns mit der Erzählung vom ungerechten Verwalter Mut machen, leidenschaftlich auf unsere Situation zu reagieren, einen "heiligen Egoismus" zu entwickeln, um das zu tun, was uns jetzt möglich ist. C.G. Jung spricht immer wieder von diesem heiligen Egoismus, den wir brauchen, um gesund und reif zu werden und um schließlich zu unserem Selbst zu finden. Da uns die Verwaltung unseres Lebens spätestens im Tod aus der Hand genommen wird, müssen wir jetzt leidenschaftlich dafür sorgen, daß die Leute uns in ihre Häuser aufnehmen und daß wir am Ende unseres Lebens in die ewige Wohnung aufgenommen werden. Wir müssen unsere Situation, daß wir schuldig geworden sind, realistisch anschauen, ohne zu verzweifeln, ohne in Depression oder Resignation zu verfallen, ohne unsere Selbstachtung zu verlieren.

Unsere asketischen Traktate sprechen meistens eine andere Sprache als die Erzählung vom unehrlichen Verwalter. Da fordern sie vor allem, daß wir die Sünden vermeiden und uns an die Gebote halten. Jesus lädt uns in dieser Geschichte ein, den leidenschaftlichen Egoismus und die unbedenkliche Raffinesse des Verwalters mitzuempfinden und so mit unseren eigenen Leidenschaften in Berührung zu kommen. Nur wenn wir die Kraft unserer Leidenschaft entdecken, können wir auch in unserem geistlichen Leben den Einsatz unserer ganzen Existenz wagen, nur dann kann auch unsere Spiritualität Vitalität und Lebendigkeit atmen. Drewermann meint, die Frömmigkeit in diesem Gleichnis bestehe "nicht in der Unterdrückung der vitalen Antriebe, sondern viel eher in ihrem dramatischen Überschwang. Die Mittelmäßigkeit, die Wohltemperiertheit, die bürgerliche Halbherzigkeit jedenfalls werden niemals zu jener Torheit fähig sein, die alle Rücksichten vergessen läßt, um alles auf eine Karte zu setzen; aber gerade von einer solchen äußersten Energie der Entscheidung sprach Jesus." (II, 733) Jesu Art zu sprechen finden wir in den Vätersprüchen der frühen Mönche wieder. Da begegnen Mönche einem Dieb oder einer Dirne und sie lernen von ihnen, mit der gleichen Konsequenz und Leidenschaft Gott zu suchen. Anstatt die Sünder zu verurteilen, übernehmen sie von ihnen ihre Energie und ihre Hartnäckigkeit und setzen sie ein, um Gott näher zu kommen. Nicht indem wir unsere Leidenschaften abschneiden, sondern indem wir sie zu Ende fühlen, können sie verwandelt werden in Liebe zu Gott.

Jesus nimmt unsere Erfahrung ernst, daß wir unweigerlich in Schuld geraten, daß wir uns irgendwann einmal in einer ausweglosen Situation wiederfinden, obwohl wir uns um ein anständiges Leben mühen. Jesus verstärkt nicht unser Schuldgefühl, er fordert uns nicht dazu auf, uns selbst zu entwerten und uns mit Schuldgefühlen zu zerfleischen. Er lädt uns vielmehr dazu ein, nüchtern und emotionslos unsere Situation anzuschauen und sie realistisch einzuschätzen, damit wir Lösungen finden, die unserer Würde als Mensch entsprechen. Anstatt unsere Selbstachtung zu verlieren, weil wir in Schuld geraten sind, sollen wir uns mit der Kraft unserer Leidenschaften und mit der Konsequenz eines "heiligen Egoismus" für ein Leben entscheiden, das uns in Beziehung bringt zu den Menschen, bei denen wir uns zuhause fühlen dürfen, und das uns letztlich in die ewige Wohnung führen wird, die Gott für uns bereitet hat.

Lk 16,19-31

Auf den ersten Blick will die Geschichte den Reichtum verurteilen oder den Glauben an die Auferstehung stärken. Aber wenn wir sie auf der Subjektstufe deuten, dann mahnt uns Jesus, das Verleugnete in uns zu akzeptieren, den armen Lazarus in uns liebevoll aufzunehmen. Sanford deutet diese Beispielerzählung als innere Geschichte. Der reiche Mann, der sich in Purpur und feines Leinen kleidet, der seine "persona", seine Maske pflegt, ist für ihn "das Ego, das alles hat, was es will, und einer Hybris zum Opfer fällt, einer übertriebenen Vorstellung der eigenen Wichtigkeit, und daher ungerechterweise die ganze Psyche beherrscht. Der arme Mann Lazarus ist der Zurückgestoßene, eine Gestalt, die vom Ego ins Unbewußte gedrängt worden ist, wo sie das Bewußtsein um Anerkennung und um Nahrung bittet, die ihr aber verweigert wird. Wenn eine solche Situation andauert, kann es schließlich zu einer Umkehrung der Verhältnisse kommen. Früher oder später wird ein solches Ego in das Höllenfeuer des Unbewußten gestoßen; nur auf diese Weise kann die Hybris überwunden werden... Deshalb hatte Abraham völlig recht, als er darauf hinwies, daß die Brüder des Mannes nicht Buße tun würden, egal, wer zu ihnen käme. Buße ist einem Ego, das übertriebene Vorstellungen von der eigenen Wichtigkeit hat, nur möglich, indem es in das Feuer des Unbewußten geworfen wird, ein Feuer, das von all den verdrängten psychischen Inhalten des Wesens genährt worden ist. Die 'minderwertige Person', in der Geschichte also Lazarus, wird ihrerseits von Gott erhöht. Die Geschichte zeigt, daß das, was der Mensch als minderwertig, unwürdig und verächtlich betrachtet hat, von Gott bevorzugt, geliebt und erhöht wird. In dieser Geschichte gibt es keine Erlösung. Eine große Kluft hat sich nun zwischen dem reichen Mann in der Hölle und Lazarus in Abrahams Schoß aufgetan. Die große Kluft ist natürlich vom Ego selbst aufgerissen worden. Sie ist die unausweichliche Folge davon, daß das Ego sich weigert, die innere Wirklichkeit anzuerkennen. Nun muß das Ego die Konsequenzen der großen Kluft erleiden, um der gesamten Psyche bewußt zu werden. Christlich gesprochen, ist eine Erlösung aus dieser Situation nur durch Christus möglich, der selbst in die Hölle hinabsteigt und dadurch die Kluft überbrückt. Psychologisch betrachtet, bedeutet das Bild vom Abstieg in die Hölle, daß trotz der Kluft, die das Ego in der Psyche aufreißt, und trotz der Schaffung einer inneren Hölle, Christus die Spaltung überbrükken kann, indem er in alle Teile unseres Seins eindringt." (Sanford 161f)

Wenn wir die Geschichte mit Sanford so deuten, so verliert sie die angstmachende Färbung, die sie durch moralische Auslegungen oft bekommen hat. Sie ist dann ein Aufruf, den armen Lazarus in uns selbst, das Arme und Schwache, das Verwundete und die "Geschwüre" in uns anzuerkennen, liebend anzuschauen, zu ernähren, wohnlich bei uns unterzubringen, um so die innere Kluft in uns zu überbrücken und zu der Ganzheit zu gelangen, zu der Christus uns führen möchte. Jesus hat hier ein ägyptisches Märchen, das auch von jüdischen Schriftgelehrten immer wieder erzählt wird, benutzt, um uns zu zeigen, daß das Arme und Verachtete in uns von Gott gekrönt wird. Der Arme und Kranke heißt Lazarus, Gott hilft. Das Ego gibt ihm nicht einmal von dem, was von seinem Tisch abfällt, keinen Anteil an der Kraft, die im Ego steckt. Stattdessen überläßt es den Armen wilden, unreinen Hunden, es verbannt ihn in den Schatten, wo er den unreinen verdrängten Kräften ausgeliefert ist. Jesus aber ermahnt uns durch die anschauliche Geschichte, den Lazarus in unserer Seele einen Ehrenplatz einzuräumen und ihn von dem Brot unseres Herzens zu nähren. Nur so kann unser Leben gelingen.

4. Wortüberlieferung

Die Evangelien berichten viele einzelne Worte Jesu. Oft genug sind diese Worte auf den ersten Blick unverständlich. Andere Worte scheinen uns zu überfordern, weil sie ein Verhalten verlangen, das gegen unser inneres Gespür geht. Bei der tiefenpsychologischen Auslegung der Worte Jesu geht es darum, die Worte nicht zuerst ethisch zu verstehen, als Forderungen an mein Verhalten, sondern religiös, d.h. sie sagen etwas über meine Existenz als Mensch. Nicht die Frage "Was soll ich tun?", sondern "Wer bin ich?" soll uns bei der Deutung der Worte leiten. Wir sollen die Worte Jesu als Spiegel sehen, in denen wir uns selbst betrachten können, durch die wir entdecken, wer wir wirklich sind und was uns im Tiefsten bewegt. (Vgl. II, 673ff) Manche Worte Jesu klingen paradox. Sie sind mit reinem Nachdenken nicht zu lösen. Sie wollen uns innerlich betroffen machen, uns zwingen, tiefer in uns hineinzuhorchen, bis wir auf den eigenen Grund stoßen, den Seelengrund, in dem Gott selbst in uns wohnt. Manche Worte lassen sich erst von dieser tieferen Ebene her, von unserem Seelengrund her verstehen. Vor allem aber ist es bei den Worten Jesu wichtig, ihrer Bildhaftigkeit nachzuspüren und sie als Bilder zu verstehen. Man kann zu den Bildern assoziieren und sie so erweitern. Dann werden sie auf einmal verständlich und sprechen von uns und unserer tiefsten Sehnsucht. Wir werden die Bilder der Worte Jesu aber nur verstehen, wenn wir sie auf dem Hintergrund der existentiellen Not und der seelischen Probleme sehen, auf die sie antworten wollen.

Ein entscheidendes Kriterium für alle Worte Jesu ist, daß es Worte des Lebens sind, frohe Botschaft, die uns das Herz weit machen wollen. Immer wenn uns die Worte Jesu Angst machen, haben wir sie falsch verstanden. Natürlich bestätigen die Worte Jesu nicht einfach unsere Sichtweise, sie stellen uns oft genug in Frage. Aber wenn wir das Wort Jesu wirklich verstanden haben, dann entspricht es unserem innersten Wesen, dann ist es ein Wort, das zum Leben führt, zu einer neuen Qualität von Leben. Wir sollen - so meint Augustinus - mit dem Wort der Bibel solange ringen, bis wir es verstehen. Wenn wir das Wort verstanden haben, verstehen wir uns erst wirklich und dann kommen wir mit uns in Einklang.

Lk 17,6 und Mk 11,23

Bei der Deutung dieser beiden Worte, die uns zeigen wollen, was Glaube vermag, muß man sich in die Bilder hineinspüren. Wenn wir die Aufforderung Jesu wörtlich nehmen würden, dann könnten wir ja zu jedem Baum sagen, er solle sich ins Meer stürzen. Jesus will uns aber nicht zu Zauberkunststücken anleiten, sondern zum Glauben. Der Maulbeerbaum, der sich auf ein Wort des Glaubens hin ins Meer stürzen soll, ist bekannt wegen seiner tiefen Wurzeln. Er kann 600 Jahre alt werden und sich immer tiefer in die Erde verkrallen. Er ist ein Symbol für Standfestigkeit, aber eben auch für Starre, Unbeweglichkeit. Wenn sich dieser Baum auf ein Wort des Glaubens hin aus der Erde lösen und sich ins Meer verpflanzen soll, dann zeigt das die Wirkung des Glaubens. Durch den Glauben kommt Bewegung in unser Leben. Auf einmal wird alles anders. Wir sind nicht mehr fixiert auf unsern engen Standpunkt. Wir krallen uns nicht mehr krampfhaft an uns selbst fest, sondern wir werden verpflanzt ins Meer, wir kommen ins Wasser, in dem neues Leben entstehen kann.

Ohne Glauben wird unser Leben starr und unfruchtbar. Wir müssen uns krampfhaft an uns selbst, an unsern Besitz, an unserm Erfolg festklammern und wir müssen uns an Menschen halten, von denen wir absolute Sicherheit und Halt erwarten. Aber mit diesem Festklammern können wir die tiefsitzende Angst in uns nicht überwinden, die Angst, daß uns unser Besitz genommen wird, daß die Menschen uns verlassen. Die Erde kann uns nicht letzten Halt geben, auch wenn wir uns noch so fest in sie hineinkrallen. Im Glauben erfahren wir eine tiefere Geborgenheit als je ein Mensch oder Besitz oder Erfolg uns geben können. An Gott brauchen wir uns nicht krampfhaft festzuhalten. Er ist wie das Meer, in das wir eintauchen, in dem wir überall von Lebendigkeit umgeben und erfüllt werden. In Gott werden wir fruchtbar und weit. Da lösen

65

sich die Spannungen. Wir können aufleben. Wir spüren neue Kräfte in uns wachsen. Im Glauben bekommt alles auf einmal eine neue Tiefe. Ich bin nicht allein an meinem Ort in der Erde festgekrallt, sondern ich bin eingetaucht in Gott, der alle meine Fähigkeiten und Möglichkeiten in einer neuen Weise entfaltet.

Ähnliches will uns das Bild vom Berg sagen, der durch den Glauben ins Meer stürzen soll. Der Berg ist im Traum oft ein Bild für ein unübersteigbares Hindernis. In den Märchen muß oft erst ein Berg abgetragen werden, um die königliche Braut heimführen zu können. (Vgl.II,680) Wir sprechen ja auch von einem Berg von Problemen, der vor uns liegt, den wir nicht übersehen können. Wir meinen, wir würden den Berg von Problemen nie abtragen können. Der Glaube ist wie ein Wunder. Auf einmal ist der Berg nicht mehr da, er ist ins Meer gestürzt. Wir haben jetzt freie Sicht, freie Bahn, um unsern Weg weiterzugehen. Der Glaube ist eine neue Sichtweise. Manche bleiben vor dem Berg stehen, sie sind fixiert auf die vielen Probleme und blockieren sich so selbst. Im Glauben übersteige ich die Ebene, auf der sich die Probleme auftürmen. Ich sehe sie von einer höheren Warte aus an, ich sehe sie von Gott her. Und da erscheinen die Probleme auf einmal klein. Da stürzen sie zusammen wie ein Berg.

Lk 9,57-62

Die Nachfolgeworte machen vielen Angst. Sie meinen, dadurch überfordert zu werden. Jesus sei so radikal, daß man das gar nicht leben könne. Eine Weise, sich um diese Worte zu drücken, ist, sie nur für Priester und Ordensleute gemünzt zu sehen. Doch Jesus richtet seine Worte an jeden. Die Frage ist, was sie bedeuten. Was heißt es, Jesus folgen zu wollen, wohin er auch geht? Jesus folgen, das meint, seiner innersten Stimme folgen, nicht den Ratschlägen der Menschen trauen, sondern den Mut finden, in sich selbst hineinzuhorchen, zu vertrauen, daß in meinem Herzen Gott selbst zu mir spricht. Ich muß nur alle oberflächlichen Stimmen hinter mir lassen, in denen mein Überich zu mir spricht, in denen die Gesellschaft mir etwas zuraunt, in denen mich Freunde zu etwas drängen wollen. Jesus spricht in meinem Seelengrund zu mir, dort, wo alle Stimmen schweigen, wo auch mein Ego still wird und Gott die Herrschaft abtritt. Die Stimme Jesu in mir klingt immer mit meiner innersten Ahnung zusammen. Und Jesus macht uns in den Nachfolgeworten Mut, uns von allen äußeren Einflüssen so frei zu machen, daß wir der Ahnung unseres Herzens folgen. C.G. Jung erinnert immer wieder daran, "daß die Lehre Christi mit Rücksichtslosigkeit den Menschen von seiner Familie trennen möchte.. Denn wenn er seine am Kindheitsmilieu haftende Libido gewähren läßt und nicht zu höheren Zielen befreit, dann steht er unter dem Einfluß unbewußten Zwanges... Die Stoiker nannten diesen Zustand heimarmene, nämlich den Zwang der Schicksalssterne, dem jeder Unerlöste verfallen ist. Die Libido, die so in primitivster Form verhaftet bleibt, hält den Menschen auf entsprechend tiefer Stufe, nämlich derjenigen der Unbeherrschtheit und des Ausgeliefertseins an die Affekte. Das war die psychologische Lage der ausgehenden Antike, und der Heiland und Arzt jener Zeit war der, der die Menschen aus der heimarmene zu befreien versuchte."[9] Jesus ist für Jung der Arzt, der den Menschen aus der Umklammerung seiner Familie befreit und ihn vereinzelt. Er ist als einzelner wichtig und muß als einzelner seinen Weg gehen. Das allein befreit ihn von der Unreife des Verhaftetseins an die Familie und dadurch vom Ausgeliefertsein an seine Affekte.

Auf diesem Hintergrund sind die Nachfolgeworte Jesu Worte zum Leben, Worte, die uns ermutigen, mehr auf das eigene Gespür zu hören als auf die Meinung und Maßstäbe der Familie. Im ersten Wort von den Füchsen und Vögeln, die ihre Höhlen und Nester haben, zitiert Jesus ein griechisches Sprichwort. Wenn wir unsern Weg als Menschen gehen, so müssen wir uns immer wieder bewußt machen, daß wir hier keine letzte Heimat haben. "Unsere Heimat ist im Himmel." (Phil 3,20) Der Mensch hat einen göttlichen Kern, in uns ist die Sehnsucht nach wahrer Heimat. Wir werden unserem Menschsein nicht gerecht, wenn wir uns hier bürgerlich einrichten und absichern. Damit würden wir nur verleugnen, daß wir Menschen des Himmels sind. Weder unsere Familie noch unser Haus ist ein Nest, in dem wir für immer sitzen bleiben können. Die Sehnsucht treibt uns weiter. Und nur wenn wir unserer inneren Sehnsucht folgen, werden wir wirklich Mensch, kommen wir zu uns selbst, zu unserem innersten Kern, der immer zugleich menschlich und göttlich ist.

Das zweite Wort Jesu richtet sich an einen Menschen, der von sich aus nachfolgen will, der ihn aber bittet, zuerst noch heimgehen zu dürfen, um seinen Vater zu begraben. Er möchte solange warten mit der Nachfolge, bis daheim alles geregelt ist, bis die Eltern gestorben sind und die Erbschaft aufgeteilt ist. Manche Menschen möchten gerne ihren Weg gehen, aber sie trauen sich nicht, solange die Eltern noch leben. Sie lassen sich in allem von den Eltern bestimmen. Oft genug haben sie die Eltern so verinnerlicht, daß ihr Überich identisch ist mit der Stimme der Eltern. Jesus sagt so einem Menschen: "Laß die

Toten ihre Toten begraben." Damit will er sicher nicht die Ehrfurcht vor den Eltern untergraben. Vielmehr fordert er den Bittsteller auf, sich jetzt schon frei zu machen von den Eltern. Die Eltern sind im Vergleich mit der Stimme Gottes in unserem Herzen tot. Wir sollen mit ihnen alles Tote in uns begraben, die Sicherheiten, das Überich, die Erbschaft und den Besitz. Das Wort Jesu wird vielleicht deutlicher, wenn wir auf unsere Träume schauen. Wir träumen manchmal davon, daß die Eltern gestorben sind und wir sie begraben. Manche erschrecken dann vor solchen Träumen. Doch meistens zeigt der Traum vom Tod und Begräbnis der Eltern, daß man frei geworden ist von ihnen, daß man zu sich selbst gekommen ist, daß man sich nicht mehr von der Stimme der Eltern bestimmen läßt, sondern von der Stimme Gottes im eigenen Herzen.

Der dritte Mann, der Jesus nachfolgen will, bittet ihn, zuerst von seiner Familie Abschied nehmen zu dürfen. Er möchte zwar seinen Weg gehen und der eigenen Stimme folgen. Aber zugleich möchte er, daß seine Familie diesen Weg auch gut heißt. Er sucht nach Bestätigung für seinen Weg bei den Verwandten und Freunden. Sie sollen ihn verstehen und auf seinem Weg bestärken. Jesus befreit uns auch hier von dem inneren Zwang, unseren Weg von andern bestätigen zu lassen. Gottes Stimme in unserem Herzen ist wichtiger als die Bestätigung der andern. Im Innersten ahnen wir, daß das Wort Jesu stimmt, daß wir nur der Stimme Gottes in uns folgen sollen. Aber es gibt in uns noch so viele andere Stimmen, die uns davon abhalten und die die Meinung der Menschen hören wollen. Jesus sagt: Gottes Stimme ist so wichtig, daß du nur ihr folgen sollst. Es kommt nur darauf an, daß du im Einklang mit Gott bist. Denn dann stimmst du auch mit deinem Herzen überein.

Jesus antwortet: "Keiner, der die Hand an den Pflug gelegt hat und nochmals zurückblickt, taugt für das Reich Gottes." Das kann sicher nicht heißen, daß wir unsere Vergangenheit nicht anschauen und bearbeiten sollen. Aber es gibt einen Punkt, an dem wir sie einfach loslassen müssen. Loslassen kann man nur, was man angenommen hat. Um loslassen zu können, müssen wir uns also mit unserer Vergangenheit beschäftigen und uns damit aussöhnen. Aber wir müssen uns von dem Leistungsdruck befreien, als ob wir die Vergangenheit total aufarbeiten können. Es wird Ungelöstes und Unverstandenes bleiben. Im Vertrauen auf Gott, der uns in seiner Hand hält, sollen wir dann das Vergangene lassen und unsern Weg weitergehen. Und bei unserm Weg sollen wir uns nicht von der Vergangenheit bestimmen lassen. Wir müssen nach vorne sehen. Was will Gott jetzt von mir? Was traut er mir zu? Wenn ich beim Pflügen rückwärts schaue, wird die Furche krumm. Ich muß nach vorne sehen und einfach im Vertrauen gehen, daß es so gut ist.

Die Nachfolgeworte Jesu wollen uns nie überfordern, sondern herausfordern. Sie fordern uns heraus aus unserem unbewußten Leben, aus einem oberflächlichen Dahinvegetieren. Sie zeigen uns, was "Menschsein kostet", wie Menschwerdung möglich ist. Im Innersten wissen wir um die Richtigkeit dieser Worte. Aber es gibt in uns eine äußere Ebene, auf der wir uns eingerichtet haben. Und die muß zuerst durcheinandergeschüttelt werden, damit das Eigentliche durchkommt. Jesus will uns einladen, den Weg nach innen zu gehen, der allein zu einem erfüllten Menschsein führt. Das Reich Gottes, von dem er immer wieder spricht, ist die Wirklichkeit der inneren Welt. Auf sie müssen wir hören, wenn unser Leben gelingen soll. Dieser Weg nach innen verlangt,

daß ich mich von der Identifikation mit der Gruppe
löse und ihn als einzelner gehe. Und er fordert
mich heraus, gegen die Widerstände meines
Herzens meinem inneren Bild zu trauen, das sich
in mir entfalten will. Jesus will mit seinen schein-
bar harten Worten diesen Widerstand brechen.
Einige Jesusworte sollen das zeigen. Dabei will
ich mich an die Auslegung halten, die Sanford
ihnen gegeben hat. Sanford deutet sie immer auf
dem Hintergrund der Jungschen Psychologie, die
uns den Weg der Selbstwerdung und Bewußtwerdung gehen heißt.

Mt 7,13f, Lk 13,22-30

Der Weg zum Reich Gottes ist ein schmaler Weg,
der durch eine enge Pforte führt. "Der breite Weg
ist derjenige Lebensweg, den wir unbewußt gehen, der Weg des geringsten Widerstandes und
der Identifikation mit der Masse. Der schmale
Weg erfordert Bewußtheit, wache Aufmerksamkeit, wenn wir nicht vom Pfade abkommen wollen.... Die Enge der Pforte weist hin auf die Angst
bei dieser Suche nach dem Gottesreich, denn
Enge und Angst sind miteinander verbunden."
(Sanford 42f) Was Jesus in diesem Wort meint,
bestätigen uns unsere Träume. Da träumen wir
oft von schmalen Wegen und von engen Öffnun-
gen, durch die wir hindurch müssen, oder von
Scheidewegen, an denen wir stehen. Tief in unserem Herzen wissen wir, daß unser Leben durch
diese enge Pforte muß, damit wir wirklich unsern
eigenen Weg gehen. Sich mit der Masse halten,
sich an ihre Maßstäbe anpassen, das ist der breite
Weg. Aber er läßt uns im Unbewußten stecken
bleiben. Wenn wir entdecken wollen, wer wir
sind und was das Geheimnis unserer Seele ist,
dann müssen wir gegen den Strom schwimmen,
dann erleiden wir "die Qual und Mühsal, die es

bedeutet, ein bewußter Mensch zu werden, der seine Ängste nicht mehr hinter einer Massen-Identität verstecken kann" (ebd 42).

Lukas führt das Bild von der engen Tür weiter. Der Herr des Hauses kann die Tür verschließen. Dann stehen wir draußen und alles Pochen auf unsern Umgang mit dem Herrn nützt uns nichts. Auch hier schildert uns Jesus nicht die Strenge Gottes, sondern die Struktur unseres Lebens. Wir leben oft außerhalb unseres Hauses. Wir haben zu uns gar keinen Zutritt. Wir beschäftigen uns nur mit der Wirklichkeit außen. Wir haben dabei keinen schlechten Umgang, wir haben sogar mit Christus selbst zu tun, wir essen und trinken mit ihm. Er lehrt auf unsern Straßen. Wir gehen in die Eucharistie und hören die Lehre Jesu. Aber alles bleibt außerhalb unseres Hauses. Wenn wir lange genug außerhalb unseres Hauses gelebt haben, dann kann es sein, daß wir eines Tages vor verschlossenen Türen stehen. Auch das zeigen uns oft Träume, in denen wir um unser Haus herumgehen und keinen Eingang finden, in denen wir uns ausgeschlossen fühlen. Das Wort Jesu ist wie ein Traum zu deuten, der nie einfach die Wirklichkeit feststellt, sondern uns immer mahnen will, aufzupassen, damit nicht eines Tages die Tür verschlossen sein wird. Wenn sich unser Herz so verhärtet hat, daß wir keinen Zutritt mehr zu ihm finden, dann wird unser Leben ein "Heulen und Zähneknirschen" sein, dann werden wir schmerzlich spüren, daß wir an uns vorbeigelebt haben, daß wir überhaupt nicht gelebt haben, daß wir abgeschnitten sind von unserer inneren Welt, von unserm Haus, in dem wir daheim sein könnten.

Mt 10,34

Daß Jesus nicht gekommen ist, Frieden zu bringen, sondern das Schwert, scheint unserem Bild des barmherzigen Christus zu widersprechen. Doch mit solchen Worten zeigt uns Jesus den Weg zu einem bewußten Leben. Von Natur aus tauchen wir gerne in einer Gruppe unter und identifizieren uns damit. Doch das führt dazu, daß wir unbewußt bleiben. "Der Abbruch der Identifikation mit der Gruppe ist ein schmerzhafter Prozeß, denn solange wir in der Gruppe untertauchen können, empfinden wir ein Gefühl der Sicherheit. Wenn diese unbewußte Identifikation aufhört - und unter dem starken Eindruck des Reiches Gottes muß sie das -, wird dieser illusionäre Friede zunichte gemacht." (ebd 58f) Das Schwert trennt, was in uns miteinander verschmolzen war. Mit dem Schwert leitet Jesus in uns den Prozeß der Differenzierung ein. Wir leben nicht mehr in einem unbewußten Brei von Gedanken und Gefühlen, sondern teilen sie mit dem Schwert unseres Bewußtseins und bringen so Ordnung in unsere innere Welt.

Lk 14,25f

Auch dieses Wort Jesu scheint uns allzu hart. Wir sollen doch unsere Familie lieben und nicht hassen. Doch wenn wir auf unsere Träume achten, dann entdecken wir, daß Jesus die Struktur unserer Seele richtig gesehen hat. "Wenn wir uns derart mit unserer Familie identifizieren, daß unsere Individualität bedroht ist, erscheint in unseren Träumen häufig das Motiv des Hassens.... Der Kampf, der Streit oder die Auflehnung gegen jemanden im Traum drückt aus, daß wir uns psychologisch differenzieren müssen, um frei und individuell orientiert zu werden." (ebd 61) Jesus will uns natürlich nicht zu einem äußeren Haß anspornen und nicht die alltäglichen Familienkonflikte rechtfertigen. Oft ist der äußere Streit mit dem Vater ein Zeichen dafür, daß wir noch von ihm abhängig sind, daß wir innerlich noch nicht frei geworden sind. Wenn wir die Worte Jesu als inneres Hassen, als sich innerlich von der Familie Distanzieren verstehen, dann führen sie gerade nicht zum äußeren Streit, sondern ermöglichen uns eine neue positive Beziehung zu Eltern und Geschwistern. Oft können Menschen nicht erwachsen werden und ihre schöpferische Energie nicht entfalten, weil sie sich nie losgelöst haben von ihren Eltern. Sie haben die Eltern noch nicht genügend gehaßt, um wirklich leben zu können.

Mt 11,29f

Mit diesen Worten will Jesus seinen Weg nicht verniedlichen. Er zeigt vielmehr mit dem Wort von der leichten Last, wie paradox der Weg ins Himmelreich ist. Auf der einen Seite ist es ein schwerer und enger Weg, der uns zu harten Entscheidungen drängt. "Wir dürfen keine anderen Werte im Leben höher einschätzen als den Aufruf zur Bewußtheit. Die Aufforderung zur Jüngerschaft ist wie ein Schwert: Es trennt uns von anderen, es zwingt uns auf einen Weg der wachsamen Spannung, es kommt daher wie ein Feuer. Doch gleichzeitig ist der Weg des Himmelreichs der einfache Weg, weil er der Weg der Erfüllung ist; und die Gebote, die Christus uns auferlegt, erweisen sich als leicht erfüllbar, wenn wir sie erst einmal akzeptiert haben. Denn es ist immer besser, bewußt zu werden, als im Unbewußten befangen zu bleiben; willig die Forderungen anzunehmen, die das Gottesreich den Jüngern stellt, statt das Gottesreich in unserem Leben negativ, als feindliche Macht, zu erfahren. Denn diejenigen, die das Gottesreich ablehnen, die sich vom Weg des Bewußtseins abwenden, entgehen dennoch den Forderungen des Gottesreichs nicht."

(ebd 72) Das Wort Jesu von der leichten Last, die sein Joch bedeutet, meint, daß unser Leben einfach und leicht wird, wenn wir die innere Wirklichkeit unserer Seele angenommen haben. Schwer erscheint uns die Botschaft Jesu nur, wenn wir das Unbewußte in uns ablehnen. Wer keine Beziehung zu seiner unbewußten Welt hat, erlebt sie als unerklärliche Last. "Diese Schwere der ungeklärten Innenwelt wird in Träumen durch ein bekanntes Motiv angedeutet: Man will weglaufen, kann aber nicht, oder man kann sich nur sehr mühsam von der Stelle bewegen, als wäre man von äußerster Trägheit befallen." (ebd 72) Das Joch Jesu ist das Joch der Bewußtwerdung. Es ist eine leichte Last, wenn wir den Weg nach innen gehen. Wir entdecken auf diesem Weg das Geheimnis unseres Lebens und die vollkommene Freiheit, die gerade darin besteht, daß wir uns ganz und gar auf Christus einlassen und uns ihm hingeben.

Entscheidend ist, daß wir die Worte Jesu nicht nur auf der äußeren Ebene verstehen, sondern von der inneren Wirklichkeit her. Das gilt etwa von den Worten über den Reichtum (Lk 18,24-27; Mt 19,23-26; Mk 10,23-27). Nicht der Reichtum an sich ist schlecht. Er ist vielmehr nur deshalb gefährlich, "weil er die Maske außerordentlich verstärkt und das Ego aufbläht. Weil Reichtum dem Menschen ein Gefühl von Macht, Einfluß und Achtung bei den Leuten verschafft, läßt sich schwer die innere Demut und das Zugeständnis geistig-seelischer Bedürfnisse erreichen, die notwendige Voraussetzungen für eine echte Persönlichkeit sind." (ebd 83) Auf der inneren Ebene muß auch das Wort Jesu verstanden werden, daß wir uns unterwegs mit dem Gegner einigen sollen (Mt 5,25f; Lk 12,57-59). Beim äußeren Gegner gibt es keinen Grund, daß wir immer die Schuld auf uns laden sollten. Aber beim inneren Gegner sind wir dafür verantwortlich, wenn wir uns nicht einigen können. Wir müssen uns mit unserem Schatten auseinandersetzen und uns mit dem inneren Feind, den wir ablehnen, versöhnen. Wenn wir uns mit dem Gegner in unserer Seele nicht einigen, dann wird er sich in uns zu einem Tyrannen entwickeln, der uns beherrschen möchte. Zur Selbstwerdung ist es nötig, daß wir uns auf unserem Weg schon mit dem inneren Gegner einigen und nicht erst bis zum letzten Gericht im Tode warten.

5. Begegnungsgeschichten

Die Bibel erzählt uns einige wunderbare Begegnungen. Da begegnen sich Maria und Elisabeth. Ihre Begegnung verwandelt sie. Das Kind hüpft in Elisabeth auf, sie kommt in Berührung mit ihrem eigenen Kern und sie entdeckt das Geheimnis Marias.[10] Oft erzählen die Evangelisten, wie Menschen Jesus begegnen und in der Begegnung mit ihm zu sich selbst kommen und ganz werden. Bei den Begegnungsgeschichten kann ich mich in den verschiedenen Typen von Menschen wiederfinden. Wenn ich mich in die Charakterstruktur der dargestellten Menschen hineinmeditiere, entdecke ich meine eigenen Möglichkeiten und Eigenschaften. Und ich werde das Wunder der Verwandlung erleben, das in der Begegnung geschieht und das auch für mich immer wieder geschehen will, wenn ich nur den Mut habe, mich auf Begegnungen einzulassen. Ich kann die Begegnungsgeschichten aber auch von den Symbolen her deuten, die sie beschreiben. Und ich kann sie auf der Subjektstufe lesen. Dann sind die verschiedenen Menschen Anteile in mir, die ein-

ander begegnen und ins Gespräch miteinander
kommen sollen, damit ich ganz werden kann. Auf
dem Hintergrund dieser tiefenpsychologischen
Auslegungsregeln möchte ich zwei Begegnungsgeschichten anschauen.

Mt 14,22-33

Die Geschichte vom Seesturm und vom Wandel
Jesu auf dem See beschreibt unseren Weg durch
die Stürme unseres Lebens. Unser Leben geht
naturgemäß durch Krisen, es wird immer wieder
von inneren und äußeren Stürmen geschüttelt.
Manchmal träumen wir von solchen inneren
Turbulenzen, wir träumen, daß wir ins Meer
geworfen werden oder daß wir auf stürmischer
See dahintreiben. Jesus fordert die Jünger auf, ins
Boot zu steigen und ans andere Ufer zu fahren.
Das Boot ist ein Bild für das Ego, in dem wir uns
festmachen und an dem wir uns festhalten. Unser
Weg geht ans andere Ufer. Wir müssen das Wasser überqueren, ein Bild für das Unbewußte, durch
das wir hindurchmüssen, wenn wir auf unserem
inneren Weg weiterkommen möchten. Wasser
kann auch ein Bild sein für Not und Bedrängnis,
für die Angst, den Boden unter den Füßen zu
verlieren. Es ist Nacht. In der Nacht taucht vieles
aus unserem Unbewußten auf, da sehen wir uns
den inneren Stürmen ausgesetzt. Da entschwin-
det unter der Oberfläche eines erfolgreichen
Lebens der feste Boden. Die Jünger geraten mit
ihrem Boot in heftige Wellen. Ihr Boot wird vom
Gegenwind hin und hergeworfen. Sie versuchen,
mit eigener Kraft zu rudern. Aber je mehr sie
rudern, desto mehr geraten sie in Bedrängnis.
Unsere erste Reaktion auf die Verunsicherung
durch das Unbewußte, auf die Krisen unseres
Lebens, ist, daß wir die Zähne zusammenbeißen
und mit eigener Kraft aus der Krise herausrudern

möchten. Aber es gelingt uns nicht. Je mehr wir am Ego festhalten und es durch die Stürme hindurchführen möchten, desto mehr geraten wir in Bedrängnis.

In der vierten Nachtwache kommt nun Jesus auf dem See den Jüngern entgegen. Vielleicht ist es ein Bild für das vierte Lebensjahrzehnt, in dem die Krise der Lebensmitte Menschen, die bisher sicher in ihrem Boot saßen, mit den Wellen und Wogen des Unbewußten konfrontiert und sie durcheinanderschüttelt. Es ist eine eigenartige Begegnung zwischen Jesus und den Jüngern. Die Jünger erkennen Jesus nicht, sie meinen, es sei ein Gespenst. Wenn wir uns an unserm Ego festklammern, wird uns selbst der Retter als gespenstische Bedrohung erscheinen. Doch Jesus spricht die Jünger an: "Habt Vertrauen, ich bin es; fürchtet euch nicht!" Gegen die Angst setzt er das Vertrauen. Er sagt das gleiche Wort, mit dem Jahwe sich dem Volk Israel in seiner Bedrängnis kundgetan hat: "Ich bin es." Gott allein kann die Angst des Menschen bannen. Die Nähe Gottes mitten im Sturm schenkt Vertrauen, daß Gottes rettende Macht stärker ist als alle Bedrohung. Die Nähe Jesu und seine Worte wecken in Petrus das Vertrauen in Gottes rettende Macht. Petrus wendet sich an Jesus: "Herr, wenn du es bist, so befiehl, daß ich auf dem Wasser zu dir komme." Nur wenn er von der Fixierung auf sich selbst absieht und sich mit seiner ganzen Person auf Christus bezieht, kann er aus dem Boot aussteigen und über das Wasser schreiten. Wenn wir das Wort auf der Subjektstufe deuten, dann wendet sich das Ego, das sich bisher an sich selbst festgehalten hat, an das Selbst. Es nimmt Beziehung auf und wagt sich nun über den Bootsrand hinaus. Petrus steigt aus dem Boot aus. Jetzt hält er sich nicht mehr an sich fest, er schaut auf Jesus. Und indem er seine Augen auf Jesus richtet, kann er über das Meer gehen. Da verliert das Wasser, das Unbewußte, das Gefährliche, das Dunkle und Bedrohliche, seine Macht. Petrus kann über das Wasser schreiten, aber nur solange, wie er auf Jesus sieht. Sobald er auf den Wind und das Wasser sieht, sobald er die Probleme anschaut, die Stürme in seinem Innern, die Gefahren um sich herum, bekommt er wieder Angst und geht unter. Nur die Beziehung zu Jesus Christus kann ihm das Vertrauen schenken, über das Schlüpfrige des Meeres zu gehen, durch das Unbewußte hindurch zu schreiten, ohne davon verschlungen zu werden. In seiner Angst wendet er sich an Jesus: "Herr, rette mich!" Sobald er sich wieder auf Jesus bezieht, erfährt er Hilfe. Jesus streckt seine Hand aus und ergreift ihn. Und er fragt ihn, warum er gezweifelt hat. Zweifeln heißt, daß man nach zwei Seiten hin sieht oder hintritt, daß man auf zwei Wegen zugleich gehen möchte. Solange wir hin- und hergerissen werden zwischen dem Meer und Jesus Christus, solange werden wir im Wasser versinken. Nur die eindeutige Beziehung zu Jesus Christus schützt uns vor dem Untergang. Die Krisen, in die uns das Leben stürzt, sobald das Unbewußte sich meldet und die Sicherheit des Ego bedroht, können nur bewältigt werden, wenn wir unsere ganze Person und alle Kräfte in uns auf Christus beziehen, wenn wir aus dem Boot des Ego aussteigen, die Sicherheit des Ichs aufgeben, um uns an Christus festzuhalten. Christus ist dabei immer auch ein Bild für das eigene Selbst. Nur der Glaube, daß Christus in uns ist als der innerste Kern, als das Selbst, kann uns durch die Stürme und Gefahren des Lebens sicher hindurchführen.

Als Jesus und Petrus wieder ins Boot steigen, legt sich der Wind. Das ist ein schönes Bild der Selbstwerdung. Wenn ich allein in meinem Boot bleibe, dann kann ich mich noch so anstrengen. Ich werde untergehen.

Auf meinem Weg durch das Wasser des Unbewußten, durch die Krisen meines Lebens und durch die Stürme, die mich bedrängen, will mir Christus begegnen, mitten in der Nacht. Und nur wenn ich im nächtlichen Sturm offen bin für die Begegnung mit Christus, kann ich weiterkommen. Christus begegnen, das heißt: ich muß das Ego erst einmal loslassen, ich muß aussteigen aus dem Boot, ich muß mich auf das Wasser wagen, ich muß in Berührung kommen mit dem Wasser, mit dem Unbewußten.

Und dann muß ich meinen Blick auf Christus richten, ohne zu zweifeln, ohne zwischen der Innen- und Außenwelt ständig hin und her zu schwanken. Dann wird mich Christus sicher durch die Bedrohungen meiner Seele hindurchführen, ohne daß mich die Wellen verschlingen können. Und ich muß Christus in mein Boot steigen lassen. Nur so kann ich innerlich Ruhe finden. Ohne Christus wird mein Boot ständig hin- und hergeworfen. Christus als der Grund meiner Seele ist der Garant, daß mein Boot, daß mein Ego zur Ruhe kommt und zum andern Ufer gelangen wird.

Lk 10,38-42

Die Geschichte von Maria und Marta ärgert viele Frauen, weil sie meinen, sie würden in der Kirche dazu verurteilt, nur zuhören zu müssen. In der Tradition wurde diese Geschichte immer herangezogen, um die Überlegenheit des kontemplativen Lebens über das aktive zu begründen. Doch wenn wir die Bilder sprechen lassen, dann können wir uns in der Geschichte selbst wiederfinden. Dabei können wir Marta und Maria als zwei verschiedene Menschentypen sehen oder als zwei Seiten in uns selbst.

Jesus ist bei Lukas der göttliche Wanderer, der umherzieht und immer wieder bei Menschen einkehrt, um ihnen göttliche Gastgeschenke auszuteilen. Marta nimmt Jesus in ihr Haus auf. Sie sorgt für Jesus, damit er sich wohlfühlt. Sie zeigt ihm Gastfreundschaft. Der Gast ist in der Antike immer auch der Fremde, der Feind, der durch die Gastfreundschaft zum Freund wird. Der Fremde bringt Neues mit sich. Doch Marta hat gar keine Zeit, auf das Fremde und Neue des Gastes zu hören. Sie sorgt für ihn und legt Jesus damit fest auf die Rolle des Gastes, der es sich bequem machen und sich wohlfühlen soll. Sie fragt gar nicht nach den Bedürfnissen des Gastes, sondern drängt ihn in eine feste Rolle, aus der er gar nicht ausbrechen kann. Und sie sorgt letztlich nicht nur für den Gast, sondern macht sich auch Sorgen über sich selbst und ihre Rolle. Der Gast soll sich bei ihr wohlfühlen, er soll sie als gute Gastgeberin erleben. Sie möchte gut dastehen im Urteil des Gastes. Sie meint, der Gast hätte das Bedürfnis, auszuruhen und gut zu essen. Sie fragt aber nicht danach. So geht es uns oft genug. Wir projizieren in den andern unsere Bedürfnisse hinein und behandeln ihn entsprechend. Aber wir hören gar nicht auf das, was der andere wirklich möchte, und vor allem nicht auf das, was er uns zu sagen hätte.

Der Gast ist immer auch der Fremde, der uns bereichern kann, der uns Dinge sagen kann, die wir noch nicht wissen. Maria setzt sich Jesus zu Füßen. Sie legt ihn nicht fest auf eine Rolle. Sie hat einfach Zeit für ihn, sie hört auf ihn. So kann er sich selbst zur Sprache bringen, so kann er das sagen, was er möchte. Maria läßt sich auf Jesus ein, sie läßt sich von ihm etwas sagen und so verwandeln. Und das lobt Jesus. Das Lob Jesu ist kein Tadel an Marta, sondern eine Bestätigung, daß das Hören besser ist als das Handeln, das dem andern oft genug etwas aufdrängt, was er gar nicht haben möchte. Wir müssen erst hören und auf den andern horchen, bevor wir für ihn etwas tun. Unser Tun würde sonst nur zur Selbstrechtfertigung, zur Beruhigung unseres schlechten Gewissens dienen, aber nicht auf die Bedürfnisse der andern antworten. Oft genug legen wir in unserer Seelsorge die Menschen auf eine ganz bestimmte Rolle fest. Wir halten einen Seelsorgsbetrieb aufrecht und meinen, er würde den Erwartungen der Menschen entsprechen. In Wirklichkeit geht er an ihnen vorbei. Aber wir merken es nicht, weil wir nur die Marta leben und Maria verdrängen. Marta und Maria können auch zwei Seiten in uns sein. Jeder von uns hat eine Marta in sich und eine Maria. Die Marta macht der Maria in uns Vorwürfe, sie will der kontemplativen und empfangenden Seite in uns, die erst warten und hören möchte, Schuldgefühle aufzwingen. Sie hält ihr vor, daß doch so viel zu tun sei, daß in unserer unheilschwangeren Welt keine Zeit zum nutzlosen Verschwenden, zum nur Dasitzen sei. Da muß man die Ärmel hochkrempeln und anpakken. Die Vorwürfe der Marta in uns klingen plausibel. Da brauchen wir den Herrn, da brauchen wir die Instanz des Selbst in uns, die diese Vorwürfe entkräftet, die sie als Rationalisierung entlarvt. Wenn man die Geschichte auf der Subjektstufe auslegt, dann ist sie ein schönes Bild für unseren inneren Zustand und für gelungene Menschwerdung. Das Haus ist in den Träumen ja immer ein Bild für unser Bewußtsein. Im Haus unseres Lebens wohnen Marta und Maria, zwei Pole in uns, die oft genug friedlich zusammenleben, die aber einander widerstreiten, sobald ein

Fremder eintritt. Wir können sie allein nicht zusammenbringen. Da braucht es Christus, da braucht es die Instanz des Selbst, die die auseinanderstrebenden Pole in uns verbindet. Die Verbindung geschieht im Gespräch. Marta muß mit Maria ins Gespräch kommen, um sie verstehen und akzeptieren zu können. Aber das Gespräch muß zugleich über Christus, über das Selbst gehen, damit es fruchtbar wird. Ohne Christus, als die innere Mitte in uns, würden die entgegengesetzten Pole in uns im Streit verharren. Christus fällt ein Urteil, das beiden Polen ihr Recht zugesteht. Aber da der sorgende und helfende Teil in uns lauter ist, muß Jesus ausdrücklich Maria verteidigen. Wir haben in uns die Tendenz, unsere kontemplative Seite immer wieder zu unterdrücken, weil wir soviel Nöte und Probleme sehen, die wir anpacken wollen. Das Horchen scheint so zwecklos. Gerade deshalb muß Jesus es verteidigen. Ohne die horchende Maria in uns würden wir bald innerlich wie äußerlich zerrissen. Nur wenn Maria und Marta mit Christus in der Mitte in unserem Hause wohnen, wird unser Leben ganz und heil.

6. Passionsgeschichte

Die Passionsgeschichte steht im Zentrum der vier Evangelien. Alle vier Evangelisten berichten nicht nur, was in der Passion Jesu geschehen ist, sondern sie deuten zugleich das Geschehene. Matthäus deutet durch zahlreiche Schriftzitate die Passion Jesu als Erfüllung der alttestamentlichen Verheißungen vom Gottesknecht. Für Lukas ist Jesus der leidende Gerechte, der von unlauteren Menschen ans Kreuz geschlagen wird. Johannes geht mit der Deutung der Passion wohl am weitesten, wenn er Jesus als den eigentlichen Herrn schildert und die Kreuzigung als Thronbesteigung. Eine tiefenpsychologische Auslegung der Passion sieht in dem Geschehen ein Bild für unseren Weg. In archetypischen Bildern wird unser Leben mit seiner Bedrohung, mit seinen Ängsten und Nöten geschildert, aber zugleich auch ihre Verwandlung und Heilung. Die Volksfrömmigkeit hat darum schon gewußt, wenn sie die Passion Jesu in 14 Kreuzwegstationen eingeteilt hat. Und die Künstler haben die Bilder der Passion so gemalt, daß sich die Menschen darin wiederfinden konnten. Musiker haben die Passion immer wieder mit musikalischen Mitteln dargestellt, allen voran Joh. Sebastian Bach, der die Passion Jesu als Spiegel unseres Lebens verstanden hat. Die tiefenpsychologische Auslegung nimmt also nur auf, was Volksfrömmigkeit und Kunst zu allen Zeiten getan haben: die Geschichte Jesu als Bild für unser Leben zu sehen.

Wenn wir die Passionsgeschichte nach Johannes anschauen, dann begegnen uns da lauter archetypische Bilder. Da ist zunächst das Bild der Gefangennahme. Judas kommt mit Soldaten und Gerichtsdienern, um Jesus in der Nacht gefangen zu nehmen. Drei Kräfte sind es, die uns oft genug gefangen halten. Da sind Beziehungen, die ähnlich unglücklich sind wie die des Judas zu Jesus. Wir schwanken zwischen Faszination und Ablehnung, zwischen Liebe und Haß, zwischen Treue und Verrat. Und wir kommen nicht los, so wie Judas nicht loskam von Jesus. Dann sind die Soldaten feindliche Kräfte in uns selbst. Wir bekämpfen uns selbst, wüten gegen uns, weil wir nicht zufrieden sind mit uns. Wir gehen mit Gewalt gegen uns vor, verletzen uns, richten alle Aggressionen gegen uns. Und dann sind da die Gerichtsdiener, die Stimmen in uns, die uns richten und verurteilen, die uns deshalb einsperren wollen. Jesus tritt diesen drei Gruppen souverän entgegen. Auf seine Frage hin fallen sie zweimal machtlos zu Boden. Mit ihrem Fallen bekennen sie seine Macht. Jesus ist der eigentlich Handelnde, auch wenn die Soldaten ihn gefangen nehmen. Wenn Christus in uns ist, wenn wir durch ihn zu uns selbst gefunden haben, dann hat niemand mehr Macht über uns, dann haben die Menschen keine Macht, die uns äußerlich hin- und herstoßen, die uns in Verhältnisse zwängen, die uns nicht entsprechen, dann haben auch die inneren Soldaten und Gerichtsdiener keine Macht über uns. An unserem inneren Kern, an Christus in uns, prallen alle feindlichen Mächte ab. Nach außen spielt uns das Leben übel mit, aber unsere göttliche Würde kann es uns nicht nehmen, gegen den Christus in uns ist es machtlos.

Die Soldaten und Gerichtsdiener führen Jesus nun zum Hohenpriester Hannas, der ihn nach seiner Lehre befragt. Auch hier antwortet Jesus wieder souverän. Er läßt sich nicht einschüchtern. Daraufhin schlägt ihn ein Knecht ins Gesicht. Wir könnten uns fragen, was bei uns die Hohenpriester sind, die uns ausforschen wollen, die uns beurteilen und verurteilen [11]. Es können die inneren Stimmen des Überichs sein, die uns Schuldgefühle einimpfen möchten, die uns etwas verbieten, die uns bedrohen und beschimpfen: "So etwas tut man nicht, sagt man nicht, denkt man nicht." Es können die Hohenpriester in uns oder neben uns sein, die uns vor allen lächerlich machen, die uns entwerten, abwerten, bewerten. Wenn wir uns wie Jesus gegen solche Stimmen wehren und versuchen, zu uns zu stehen, dann schlägt uns der Knecht in uns und wirft uns vor, daß man so nicht reden dürfe. Der Knecht ist die kleinliche Stimme in uns, die uns niederzieht, die

85

uns nichts zutraut. Wir dürfen nicht so groß von uns denken, wir sind ja nichts wert, deshalb dürfen wir auch nichts sagen. Jesus läßt sich weder vom Hohenpriester noch vom Knecht verunsichern. Auch hier reagiert er aus innerer Gelassenheit und Stärke: "Wenn es nicht recht war, was ich gesagt habe, dann weise es nach; wenn es aber recht war, warum schlägst du mich?" Jesus läßt sich nicht in die Ecke treiben. Er ruht in sich, ist sich seiner sicher und reagiert aus seiner Mitte heraus. Wenn wir Christus in uns Raum geben, dann kommen wir zu unserem Selbst, aus dem heraus wir dann genauso sicher und gelassen auf alle inneren und äußeren Stimmen reagieren könnten. In das Verhör vor dem Hohenpriester schiebt Johannes den Verrat des Petrus. Dreimal leugnet Petrus, Jesus zu kennen, zuerst gegenüber der Pförtnerin, dann vor den Dienern, die ums Kohlenfeuer stehen, und dann vor dem Diener des Hohenpriesters, "ein Verwandter dessen, dem Petrus das Ohr abgehauen hatte". In der tiefenpsychologischen Auslegung geht es nicht nur um die moralische Frage, ob wir in unserer Welt zu feige sind, uns zu Christus zu bekennen, sondern um die Verleugnung des Christus in uns. Wir stehen nicht zu uns, wir verleugnen den Kontakt zu unserem Selbst, zu Christus in uns. Und auch bei uns sind es drei Gruppen, die uns vom Kontakt mit dem inneren Selbst abhalten: die anima, die wir auf andere projizieren, anstatt uns von ihr als "Pförtnerin" in die eigene Tiefe führen zu lassen; die Menge der Diener, die Masse, das Aufgehen in der Gruppe, das uns von unserem Selbst trennt; und das Schuldgefühl, das uns die eigenen Taten vor Augen hält und uns Angst macht, uns unserer Wahrheit zu stellen.

Die nächste Szene hat Johannes kunstvoll aufgebaut. Da geht es um die Begegnung Jesu mit

Pilatus und um die Juden, die im Hintergrund stehen und Pilatus in die Enge treiben. Jesus wird vor den Richtstuhl des Pilatus gebracht. Aber die Juden selbst bleiben draußen. Die Juden stehen für die inneren Stimmen, die uns Schuldgefühle aufzwängen. Die Schuldgefühle können eine starke Macht ausüben. Aber sie selbst bleiben im Hintergrund, sie lassen sich nicht bekämpfen, sie stellen sich nicht der Auseinandersetzung. Gerade so üben sie eine starke Macht über uns aus, ohne daß wir uns gegen sie wehren können. Jesus bleibt auch vor Pilatus souverän. Er läßt sich nicht in die Enge treiben, er läßt sich nicht die Spielregeln vorschreiben. Der Grund seiner Freiheit und Überlegenheit ist seine Aussage: "Ja, ich bin ein König. Mein Königtum ist nicht von dieser Welt." Das wäre auch für uns die wahre Befreiung und Erlösung. Wenn wir in unsere Passion, in unsere Schwäche und Krankheit, in unsere Ablehnung und Ausstoßung, in unsere Einsamkeit und in unsere Wunden diese Wirklichkeit unseres Königtums hineinhalten, das nicht von dieser Welt ist, dann hat nichts und niemand Macht über uns.

Dann bleibt in allem Leiden und in aller äußeren Bedrängnis die innere Gewißheit, daß da ein Raum in uns ist, zu dem niemand Zutritt hat, daß wir eine unantastbare Würde haben, die uns niemand rauben kann. Nicht die Abschaffung des Leidens, sondern das Königtum mitten im Leid ist die wahre Erlösung, wie sie Johannes in seiner Passion versteht. Jugendliche, mit denen ich diese Szene im Leib dargestellt habe, haben das sofort verstanden. Ihnen ging auf, welche Freiheit uns Christus schenkt, wenn wir in alle Stationen unseres Leidensweges das Wort und die Wirklichkeit hineinhalten können: "Mein Königtum ist nicht von dieser Welt."

Pilatus ist offensichtlich beeindruckt von Jesus und möchte ihn freigeben. Auf das Geschrei der Juden hin läßt er ihn zuerst geißeln. Den geschundenen mit einer Dornenkrone gekrönten Jesus zeigt er den Juden mit den Worten: "Ecce homo. Seht, welch ein Mensch." Er weist auf den wahren Menschen, der gerade in seiner Schwäche und Verachtung eine königliche Würde hat. Doch die Hohenpriester und Juden lehnen den wahren Menschen ab, sie drängen Pilatus immer mehr dazu, Jesus zu kreuzigen. "Wir haben ein Gesetz, und nach diesem Gesetz muß er sterben." (Joh 19,7) Man könnte das auch auf der inneren Ebene verstehen. Wir haben oft in uns Gesetze, nach denen der Christus in uns, nach denen wir sterben müssen. Es sind Gesetze des Überichs, falsche Grundannahmen, die uns am Leben hindern, wie etwa: "Ich darf keinen Fehler machen, sonst bin ich nichts wert. Ich darf nicht schwach sein, sonst werde ich abgelehnt." Und Pilatus wäre dann der innere Richter. Christus ist das Selbst in uns. Aber da ist in uns noch eine andere Instanz, die richtet und entscheidet. Wir sind hin- und hergerissen zwischen dem Selbst und dem inneren Richter. Die Juden drängen den Pilatus dazu, Christus zu kreuzigen. Die inneren Stimmen, die Schuldgefühle, die Hohenpriester in uns verleiten unseren inneren Richter dazu, den Christus in uns, unser Selbst, ans Kreuz zu schlagen und zu vernichten. Aber Christus läßt sich nicht vernichten. Er bleibt auch mitten in der Passion der eigentlich Handelnde. Er wird von Pilatus allen Menschen vorgestellt: "Da ist euer König!" Auch wenn die Juden Jesus kreuzigen, in Wirklichkeit besteigt er im Kreuz seinen Thron, von dem aus er über alle Welt herrschen wird. Weil unser Königtum nicht von dieser Welt ist, weil wir eine unantastbare und göttliche Würde in uns haben, deshalb wird der Christus in uns Sieger bleiben. Und keine Macht dieser Welt wird uns vernichten, wird uns unserer Würde berauben können.

Jesus trägt nun sein Kreuz nach Golgota und wird dort zwischen zwei anderen gekreuzigt. Er ist die Mitte zwischen den Polen in uns, die uns ohne Christus zerreißen würden. Und er ist nun vor aller Öffentlichkeit der König der Juden. Die Juden können noch soviel dagegen vorbringen, die Stimmen in uns können noch so sehr gegen den Christus in uns wüten, sie müssen ihm schließlich dienen. Christus ist und bleibt ihr König in Ewigkeit. Das schildert Johannes in zwei Szenen. Die Soldaten würfeln um das Gewand Jesu, "das von oben her ganz durchgewebt und ohne Naht war". Jesus, der am Kreuz hängt, ist Bild des ganzen Kosmos. Er kann nicht zerteilt und zerstört werden. Er ist und wird für immer ganz sein, göttlich, unendlich. Und in der zweiten Szene ist Jesus selbst der Handelnde. Er führt seine Mutter zu Johannes und zu Johannes sagt er: "Siehe, deine Mutter!" Es ist wieder ein Bild der Ganzwerdung. Jesus verbindet am Kreuz Mann und Frau, anima und animus, die beiden Pole im Menschen, die ihn am meisten auseinanderreißen können. Christus am Kreuz, zwischen zwei Gekreuzigten, und Johannes und Maria unter dem Kreuz, das ist ein Bild für Ganzwerdung. Die Fünf ist immer ein Symbol für den Menschen, der die vier Gegensätze dieser Welt vereinigt und dabei einen Mittelpunkt hat. Christus ist der Mittelpunkt der Welt, aber auch die Mitte in unserer Seele, die alles zusammenhält, was sonst auseinanderstrebt.

Jesus stirbt mit den Worten "Es ist vollbracht!" Er hat am Kreuz über alle Kräfte gesiegt, die ihn vernichten wollten. Er hat alle Gegensätze dieser Welt miteinander verbunden. Er hat die tiefste

Wunde geheilt, die es gibt: den Tod. Er hat den Tod verwandelt in Herrlichkeit. Am Kreuz verherrlicht Gott seinen Sohn. Der Tod am Kreuz, der schändlichste Tod, den die Antike kannte, wird zum Ort der Verherrlichung. Die Menschen töten Jesus, er aber übergibt im Tod seine Seele Gott, seinem Vater. Das ist das Geheimnis unseres erlösten Lebens. Das Leben wird uns oft genug übel mitspielen. Und zuletzt wird es uns töten. Aber keine Macht dieser Welt kann über uns herrschen. Im Letzten sind wir die Handelnden. In uns ist Christus als unsere innerste Mitte. Er ist in uns der König, dessen Königtum nicht von dieser Welt ist. Auch der Tod kann uns dieses Königtum nicht nehmen. Im Tod werden wir uns in Gottes barmherzige Hände übergeben, damit er auch uns verherrliche in seinem Reich. Das ist die Frohe Botschaft der Passionsgeschichte. Unser Leben wird oft genug Passion sein. Aber wenn Christus unsere Mitte ist, dann wird auch unsere Passion verwandelt werden, dann wird der Christus in uns durch alle Stationen des Leidens hindurchgehen, bis er sich im Tod Gott übergibt. Die tiefenpsychologische Auslegung der Passion will nur fortsetzen, was Johannes mit seiner Deutung selbst schon begonnen hat: das Geschehen um Jesus von Nazareth auch als unsere Geschichte zu sehen, die Erlösung, die im Kreuz Christi geschehen ist, verständlich und erfahrbar zu machen. Wenn wir mit dem Bewußtsein durch die Stationen unseres Lebens und Sterbens gehen, daß unser Königtum nicht von dieser Welt ist, dann werden wir schon hier erspüren, was es heißt, erlöst zu sein, befreit von der Macht dieser Welt, hineingenommen in die Gemeinschaft mit Jesus Christus, der den Tod überwunden hat.

Johannes deutet das Geschehen der Passion in der Szene, da ein Soldat Jesus die Lanze in die Seite stößt, so daß Blut und Wasser herausfließen. Johannes selbst deutet Blut und Wasser als Heiligen Geist, den Jesus in seinem Tod über alle Menschen ausgießt (Joh 7,38f). Aus dem Herzen Jesu strömt der Heilige Geist in Form von Blut und Wasser auf alle Menschen aus. Jesus ist gerade in seiner Wunde die Quelle des Lebens für alle Welt. Als der am mütterlichen Baum hängende Sohn wird er selbst zur lebensspendenden Mutter. Für C.G. Jung ist der ans Kreuz geschlagene Jesus ein wichtiges Symbol der Menschwerdung. Das Kreuz ist Symbol für die Wandlung des Menschen von seiner Triebhaftigkeit zur Freiheit: "Der Held hängt sich sozusagen in die Zweige des mütterlichen Baumes, indem er an die Kreuzarme geheftet wird. Er vereinigt sich sozusagen im Tode mit der Mutter, und zugleich verneint er den Akt der Vereinigung und bezahlt seine Schuld mit der Todesqual. Durch diese Tat größten Mutes und größter Entsagung wird die Tiernatur am mächtigsten unterdrückt, weshalb ein größtes Heil für die Menschheit daraus zu erwarten ist." (GWV, 338f) Das Kreuz ist Symbol für den Lebensbaum und für die Mutter, die für "Todüberwindung und Lebenserneuerung" steht (ebd 346f).

Zugleich ist der im Herzen durchbohrte Jesus auch Bild für die gelungene Menschwerdung. Indem wir auf den verwundeten Jesus schauen, können auch wir den Mut finden, unseren Panzer abzulegen, mit dem wir unsere Wunden zu verdecken suchen, unter dem sie aber nur umso stärker schwären. Nur als verwundete können wir wahrhaft Mensch werden, können auch wir zur Quelle des Lebens für andere werden. Eine Liebe, die sich nicht verwunden läßt, bleibt unfruchtbar. In unserer Wunde kommen wir in Berührung mit unserem Herzen, mit einem Herzen, das fühlen und lieben kann. Gerade dort, wo wir ohnmächtig sind und verwundet, sind wir auch ganz lebendig, da haben wir Zutritt zu unserem innersten Kern. Durch das durchbohrte Herz gelangen wir zum inneren Heiligtum. Da wird gleichsam der Vorhang zerrissen, der uns vom sanctissimum in uns trennt. Indem wir mit unserem Selbst in Berührung kommen, werden wir auch offen für die Menschen. Wir begegnen den Menschen dann nicht mehr nur von außen, sondern lassen sie eintreten in unsere Wunde und durch unsere Wunde in das Innerste unseres Herzens. Dort nur kann heilende Begegnung sein, dort nur kann Gottes heiliger und heilender Geist strömen und verwandeln.

7. Auferstehungsgeschichten

Die tiefenpsychologische Deutung der Auferstehungsgeschichten darf die Auferstehung nicht auf etwas rein Innerliches und Subjektives reduzieren. Aber sie nimmt ähnlich wie die frühen Kirchenväter die Auferstehung Jesu doch auch als Bild für unsere eigene Auferstehung, für unser Aufstehen aus dem Grab. Der Stein, der vom Grab weggewälzt wird, wird da zum Bild für die Steine, die uns blockieren und uns vom Leben abhalten. Oft liegt ein Stein gerade dort auf uns, wo etwas zum Leben kommen möchte. Aber wegen des Steines kann es nicht aufblühen. Manchmal sind es Menschen, die uns einengen und nicht leben lassen. Manchmal sind es Ängste, Hemmungen, Feigheit, die Unfähigkeit, sich selbst anzunehmen, die uns blockieren. Manchmal sind es auch traumatische Erfahrungen, die auf uns liegen. Sie waren so schlimm, daß wir sie gar nicht anschauen konnten. So sind sie zu einem Stein erstarrt, der uns vom Leben abhält. Auferstehung heißt nun, daß Gott den Stein von uns wegwälzt, damit das Leben in uns zur Blüte kommen kann. Vielleicht sind es auch Engel, die den Stein wegrollen, Menschen "in leuchtenden Gewändern" (Lk 24,4), Menschen, die durchsichtig sind für Gott, die etwas von Gottes Güte und Barmherzigkeit ausstrahlen. Wenn wir ihnen begegnen, dann löst sich der Stein und rollt weg und für uns öffnet sich ein neuer Horizont.

Auferstehung ist auch ein Bild dafür, daß Gott uns aus dem Grab unserer Angst und Traurigkeit, unserer Resignation und Enttäuschung herausführt, hinein in die Weite und Freiheit des göttlichen Lebens. In der Auferstehung befreit uns Gott von allen Fesseln, die uns festhalten, damit wir aufstehen gegen alle Hindernisse, die uns vom Leben abhalten wollen, damit wir die Grenzen überspringen, die uns Angst machen, und uns aufrichten in der Freiheit, die Gott uns in der Auferstehung geschenkt hat. Ikonen stellen oft den Auferstandenen dar, wie er viele Tote aus der Unterwelt an der Hand nimmt und zum Leben führt. Das ist eine tiefenpsychologische Deutung der Auferstehung. Christus nimmt all das Tote und Abgestorbene, all das Verdrängte und in den Schatten Hinabgestoßene, das Starre und Dunkle in uns an der Hand, er berührt es und führt es aus dem Grab heraus in das Licht, in das Leben, in die Weite und Freiheit Gottes. Die jungen Menschen, die Jahr für Jahr mit uns Ostern feiern, haben einen unmittelbaren Zugang zu den Bildern der Auferstehung. Die Bilder zeigen ihnen, daß Auferstehung etwas mit ihnen zu tun hat, daß wir an Ostern die eigene Auferstehung feiern, das Aufstehen gegen den Tod, gegen die Resignation, das Heraustreten aus dem Grab unserer Angst und Traurigkeit, das neue Leben, das sich im Singen und Tanzen ausdrücken will, weil es keine Fesseln mehr gibt, die uns einengen und vom Leben abhalten. Dabei ist es nicht entscheidend, ob die Bilder nun tiefenpsychologisch gedeutet werden. Sobald ich in Bildern denke, wird das Geschehen der Bibel mein Geschehen, meine Erlösung, meine Befreiung. Und darauf kommt es ja letztlich an. Ob ich es nun tiefenpsychologisch oder wie die Kirchenväter spirituell deute, entscheidend ist, daß ich durch die Bilder der Bibel mein Leben neu sehen und erleben lerne, daß ich durch die Bilder der Bibel mit dem Heil und der Erlösung in Berührung komme, die schon in mir sind, weil Christus schon gestorben und auferstanden ist. Oft bleiben die Bilder von Erlösung in mir ohne Wirkung, weil sie verschüttet sind. Die Tiefenpsychologie will uns helfen, die Bilder wieder auszugraben, damit in den Bildern Gott selbst an uns heilend und befreiend wirken kann.

Für die tiefenpsychologische Auslegung der Auferstehungsgeschichten könnten uns folgende Fragen helfen:

1. Was sind die Bilder, in denen die Auferstehung oder die Begegnung mit dem Auferstandenen beschrieben wird? In welchen Bildern wird der Tod, in welchen das Leben, die Befreiung zum Leben dargestellt?

2. Versuche, zu den Bildern zu assoziieren und die Bilder weiter auszumalen, dich selbst in den Bildern wieder zu finden. Beschreibe dein Leben, deine Befreiung zum Leben in diesen Bildern!

3. Wo und wie geschieht nach der Geschichte Auferstehung und wo und wie geschieht für dich Auferstehung? Wo und wie kannst du dem Auferstandenen begegnen? Wie kannst du Auferstehung in deinem Alltag erfahren?

Zwei Auferstehungsgeschichten sollen in diesem Sinne ausgelegt werden:

Lk 9,28-36

Die Verklärungsgeschichte ist eine Ostergeschichte, die von den Synoptikern schon während des Lebens Jesu erzählt wird. Aber letztlich geht es immer um die Ostererfahrung, daß der gekreuzigte Jesus Christus zugleich der Verherrlichte ist, der in Gottes Lichtglanz erscheint. In diesem Sinne möchte ich die Verklärung nach Lukas auslegen.

Lukas beginnt die Erzählung mit: "Acht Tage nach diesen Reden". Acht ist in der frühen Kirche Bild der Vollendung. Der achte Tag ist der Tag, der keinen Abend kennt, der Tag der Auferstehung. Das Oktogon ist für die Taufkapellen ein Bild des Himmels, des ewigen und unendlichen Lebens, das uns in der Taufe geschenkt wird. Im Licht der Auferstehung will diese Geschichte also gelesen werden. Jesus nimmt Petrus, Johannes und Jakobus mit auf einen Berg. Der Berg ist immer ein heiliger Ort, ein Ort, an dem Gott sich offenbart, an dem der Mensch Gott näher ist als im Tal, als im Nebel seines Alltags. Es sind immer drei Königssöhne, die ausziehen müssen, um das Wasser des Lebens zu suchen. Drei Ichkräfte sind es, die verwandelt werden müssen, damit der Mensch heil wird. Petrus steht dabei für den Willensmenschen, für den impulsiven, spontanen Menschen, der sofort handelt, wenn ihn etwas innerlich trifft. Johannes als der Lieblingsjünger ist der Herzensmensch, der fühlt und aus dem Gefühl, aus der Liebe heraus lebt. Jakobus ist der Gesetzesmensch, der die Ordnung hoch hält, der aus klaren Prinzipien heraus lebt, aber auch leicht zum Prinzipienreiter werden kann. Alle Kräfte in uns sollen auf dem Berg dem Auferstandenen begegnen. Jesus betet mit den drei Jüngern. Das Gebet ist der Ort, an dem wir dem Auferstandenen begegnen und selbst Auferstehung erfahren können. Während des Gebetes "veränderte sich das Aussehen seines Gesichtes, und sein Gewand wurde leuchtend weiß". Verklärung heißt, daß das Eigentliche durchbricht, die wahre Gestalt, das Bild, das Gott sich von uns gemacht hat. Erhart Kästner hat für mich in einmaliger Weise beschrieben, was Verklärung als vorweggenommene Auferstehung meint: "Wenn anders Verklärung der Durchbruch des Eigentlichen durchs Schemenhafte, des Lebendigen durch die Schatten, des Geliebten durchs Ungeliebte und die Ankunft des Langerwarteten ist, so weiß jeder, daß solche Momente es sind, um derentwillen wir leben. Verklärung ist Durchschein des Urbilds. Das wird von jedem Geborenen erhofft. Wir leben auf Verklärungen zu, worauf sollten wir sonst, es ist unsere angeborene Hoffnung.... Was es heißt, wenn sich uns ein Mensch, eine Heimat, ein Wort, ein im Vertrauen gesprochener Satz, wenn sich uns eine Stunde verklärt, das können wir immerhin wissen ... Verklärung gehört zu unserer Erfahrung, sie gehört zu unserem Leben. Mit ihr beginnt erst das Leben. Und das weiß auch Jeder, daß nur die Liebesblicke es sind, die die Kraft der Verklärung besitzen. Nur dem Auge, das nicht liebt und nie geliebt hat, ist Verklärung nie widerfahren. Und selbst wenn es sich wieder entzog, was dem Liebesblick aufschien: da darf man sich nicht irr machen lassen, daß es das Eigentliche, daß es das WIRKLICHE war."[12] Als Gottes Licht durch Jesus hindurscheint, treten auf einmal Mose und Elija hinzu, beide in strahlendem Licht. Mose ist der Künder des Gesetzes und der Befreier aus Ägypten, Elija der Prophet. Wenn Gott uns so nahe ist, daß er alles in uns durchdringt und verklärt, dann kommt das Gesetz in uns zum Durchbruch, dann kommt unser Leben in Ordnung. Wir handeln von alleine richtig. Die Beziehungen werden richtig, unser Leben bekommt sein Maß, in dem es sich entfalten kann. Wenn Gott in uns ist, werden wir aber auch frei von jeder Gefangenschaft. Gott in uns ist das gelobte Land, in dem wir ganz wir selbst sind, von niemandem beherrscht. Und wenn Gott uns nahe ist, dann kommen wir in Berührung mit unserer prophetischen Sendung, dann entdecken wir, wozu Gott uns berufen hat. Jeder von uns hat auch eine prophetische Sendung, eine besondere Berufung, die ihn abhebt von andern. Wir sollen nicht zu klein von uns denken. Vielleicht entdecke ich meine prophetische Sendung gerade in meinen Wunden und Schwächen. Ich kann meine Lebensgeschichte anschauen und mich fragen, was Gott mir damit sagen will und was er aufgrund meiner Lebensgeschichte nun durch mich andern sagen will, wo meine spezifische Sendung ist. Gott will auch durch mich sprechen. Ich bin nicht nur einer, der die Gebote erfüllen muß, der einigermaßen anständig als Christ leben soll, sondern einer, durch den Gott in dieser Welt ein Wort sagen will, das nur durch mich erklingen kann.

Petrus und seine beiden Begleiter sind beim Gebet eingeschlafen. Jetzt auf einmal sehen sie Jesus mit Mose und Elija im Licht. Und da will Petrus gleich drei Hütten bauen. Er will den Augenblick der Verklärung, der Auferstehung, der Gotteserfahrung, festhalten. Er will sich darin einrichten. Vielleicht hat er Angst, sonst wieder zu verschlafen, wenn Gott zu ihm kommt. Augenblicke der Verklärung sind immer ein Geschenk, sie lassen sich weder durch Askese noch durch Meditation erzwingen und sie lassen sich nicht festhalten. Im

Gebet kann es auf einmal geschehen, daß wir mitten im Schlafen und Dösen Klarheit erfahren, auf einmal wird alles hell, wir blicken durch, wir schauen auf den Grund. Ein paar Sekunden lang ist alles in uns Licht. Aber dann kommt sofort die Wolke und verdeckt alles. Die Wolke kann im AT Bild für die Gegenwart Gottes sein. Hier aber verdunkelt sie die Erfahrung des Lichts. Die Jünger bekommen Angst. Nach der großartigen Lichter-fahrung scheint alles wie verflogen zu sein. Von Gott ist nichts mehr zu spüren, Dunkelheit und Angst machen sich breit. In diese Angst hinein ruft eine Stimme: "Das ist mein auserwählter Sohn, auf ihn sollt ihr hören." Indem wir auf Christus hören, lichtet sich das Dunkel. Aber zugleich kann ich das Wort als Wort der absolu-ten Daseinsberechtigung verstehen. Gott sagt zu mir: "Du bist mein geliebter Sohn, meine geliebte Tochter, an dir habe ich Gefallen." Ich darf sein, weil er mich mag. Ich bin ohne Bedingung geliebt und angenommen.

Die Jünger schweigen über das Erlebnis, das sie hatten. Es braucht erst einen Raum der Stille, um eine Gotteserfahrung wirklich im Herzen an-kommen, um Auferstehung wirksam werden zu lassen. So gehen die Jünger am folgenden Tag wieder nach unten ins Tal ihres Alltags. Sie haben gebetet, sie haben geschlafen, sie haben das Licht gesehen und sie haben Angst bekommen. Diese vier Erfahrungen prägen sie und uns. Trotz aller Schläfrigkeit, trotz aller Angst sind wir doch Menschen, die ein Licht gesehen haben, die das Licht der Auferstehung in ihrem Herzen tragen. Mitten im Nebel unseres Alltags leuchtet das Licht in unserem Herzen weiter und bringt Auf-erstehung in unser Leben. Die Ahnung, daß sich in Augenblicken der Liebe alles verklären, alles verwandeln kann in das Licht der Auferstehung, sie bleibt in unserem Herzen und verwandelt jetzt schon unser Leben.

Joh 20,1-18

Es ist eine Liebesgeschichte, in die Johannes die Begegnung zwischen dem Auferstandenen und Maria von Magdala kleidet. Frühmorgens, als es noch dunkel war, kommt Maria Magdalena ans Grab. Das erinnert an die Worte des Hohenliedes: "Des Nachts auf meinem Lager suchte ich ihn, den meine Seele liebt. Ich suchte ihn und fand ihn nicht. Aufstehen will ich, die Stadt durchstreifen, die Gassen und Plätze, ihn suchen, den meine Seele liebt. Ich suchte ihn und fand ihn nicht. Mich fanden die Wächter bei ihrer Runde durch die Stadt. Habt ihr ihn gesehen, den meine Seele liebt? Kaum war ich an ihnen vorüber, fand ich ihn, den meine Seele liebt. Ich packte ihn, ließ ihn nicht mehr los." (Hoh 3,1-4) Auferstehung widerfährt nur dem, der liebt. Maria Magdalena ist nach der Deutung der Tradition die Sünderin, die Jesus viel geliebt hat, eine leidenschaftliche Frau, die nun zur Apostolin der Apostel werden darf. Offensichtlich war ihre leidenschaftliche Liebe die Bedingung dafür, daß sie verstehen kann, was Auferstehung heißt. Und Maria ist die Frau, aus der Jesus sieben Dämonen ausgetrieben hat. Sieben Dämonen hausten in ihr, zerrissen ihre Seele und brachten sie an den Rand der Verzweiflung. Durch die Begegnung mit Jesus wurde sie heil, ihre Verzweiflung verwandelte sich in ein tiefes Vertrauen und in ihrer Zerrissenheit fand sie ihre Mitte, ihren Personkern, der alles zusammenhält, wieder. Weil sie sich angenommen und geliebt wußte, spürte sie ihr eigenes Selbst, da fühlte sie ihr Herz, ihre unantastbare Würde.

Sie kommt noch in der Dunkelheit zum Grab und sieht, "daß der Stein vom Grab weggenommen war". Sie läuft sofort zurück zu Petrus und dem Jünger, den Jesus liebte. Und sie sagt den Satz, den sie dreimal wiederholt in dieser Geschichte: "Man hat den Herrn aus dem Grab weggenommen, und wir wissen nicht, wohin man ihn gelegt hat." Den, den sie geliebt hat, hat man nicht nur getötet, man hat sogar seinen Leichnam gestohlen, man hat ihn ihr ganz und gar genommen. Sie will ihn wieder haben, mit ihren Händen berühren. Petrus und der Lieblingsjünger laufen nun zum Grab. Johannes, der Mann mit einem liebenden Herzen, läuft schneller. Die Liebe ist schneller als der Verstand und als der Wille, den Petrus repräsentiert. Johannes läßt Petrus den Vortritt. Petrus geht ins Grab und sieht alles aufgeräumt, die Leinenbinden und das Schweißtuch, das zusammengebunden an einer besonderen Stelle liegt. Alles wird wahrgenommen, aber nichts verstanden. Johannes dagegen sieht und glaubt. Der Verstand kann Auferstehung nicht verstehen, nur die Liebe glaubt an ihre Möglichkeit. Johannes glaubt, aber er begegnet dem Auferstandenen nicht. Das bleibt Maria Magdalena vorbehalten, der leidenschaftlichen Frau, die viel gesündigt, aber auch viel geliebt hat. Es ist eine mutige Theologie, die die Sünderin zur ersten Zeugin der Auferstehung werden läßt. Es ist eine tröstliche und barmherzige Botschaft, die die frühe Kirche im Johannesevangelium bezeugt. Sie zeugt von einem weiten Herzen, weiter jedenfalls als die Herzen der späteren Moralprediger, die vor allem auf die Sündenreinheit pochten.

Maria, die leidenschaftlich liebende Frau, steht draußen vor dem Grab und weint. Weinend beugt sie sich in die Grabkammer hinein. Sie sieht zwei Engel in weißen Gewändern sitzen. Aber ihre Trauer ist so groß, daß das Licht der Engel nicht in sie eindringen kann. Die Engel ergreifen die Initiative und fragen sie: "Frau, warum weinst du?" Sie sprechen sie in ihrer Trauer an. Und wieder klagt Maria mit den gleichen Worten: "Man hat meinen Herrn weggenommen, und ich weiß nicht, wohin man ihn gelegt hat." Sie sieht nur auf den, den sie sucht, den sie festhalten will, und sie ist blind für das Licht der Auferstehung, das schon leuchtet. Sie dreht sich um und sieht Jesus. Aber sie erkennt ihn nicht. Ja, selbst als Jesus sie liebevoll anspricht: "Frau, warum weinst du?", erkennt sie ihn nicht. Sie ist so tief in ihrer Trauer gefangen, daß sie den, den ihre Seele liebt, nicht wahrnehmen kann. Sie bittet ihn: "Herr, wenn du ihn weggebracht hast, sag mir, wohin du ihn gelegt hast. Dann will ich ihn holen." Erst als Jesus sie mit ihrem Namen anspricht: „Maria", als er mit dem Wort der Liebe sie ins Herz trifft, da erkennt sie ihn. Berührt von seiner Liebe, die sie einst geheilt und ihr wieder ihre unantastbare Würde geschenkt hat, antwortet sie, indem sie ihn mit dem vertrauten Namen anredet: "Rabbuni, mein Meister". Jetzt will sie ihn umarmen. Aber er wehrt ab: "Halte mich nicht fest!" Auferstehung heißt nicht, das vertraute Miteinander weiter zu leben, sondern auf einer neuen Ebene begegnen. Jesus ist auf dem Weg zum Vater. Die Beziehung zu ihm muß das berücksichtigen. Es ist immer nur eine Beziehung zu dem, der beim Vater ist, in der ewigen Herrlichkeit. Jesus trägt Maria auf, den Jüngern die Botschaft von seinem Aufstieg zum Vater zu verkünden. Und so wird sie die erste Apostolin, wie sie die Tradition nennt. Wenn wir das Geschehen tiefenpsychologisch deuten, können wir Petrus, Johannes und Maria von Magdala als drei Personen, als drei Typen sehen. Und wir können die Bedingung dafür erkennen, daß wir die Auferstehung erfahren und dem Auferstandenen begegnen können. Nicht Verstand und Wille, sondern die Liebe kann

Auferstehung verstehen. Aber auch die Liebe des Johannes genügt nicht. Es braucht die leidenschaftliche Liebe Marias. Und es braucht die Schritte der Trauer, die Maria durchlebt, um dem Auferstandenen begegnen zu können. Maria steigt in das Grab ihrer Traurigkeit hinein. Sie läßt sich vom Verlust des Geliebten betreffen, sie durchleidet ihn. Trauernd und verzweifelt weint sie. Und im Weinen wird sie offensichtlich fähig, sich von dem ansprechen zu lassen, den ihre Seele liebt, von Jesus, der den Tod besiegt hat. Das Wort der Liebe, das er während seines Lebens immer wieder Maria zugesagt hat, überdauert den Tod, es trifft sie jetzt von jenseits des Todes. Jesus, der zum Vater auffährt, spricht Maria mit dem gleichen Liebeswort an. Die Liebe ist stärker als der Tod. Aber das kann nur eine Liebe erfahren, die wie Maria von Magdala den Verlust des Geliebten durchleidet und ins Grab der Trauer hinabsteigt. Auf dem Höhepunkt ihrer Trauer und Ohnmacht, den Geliebten zu finden, da kann sie der Geliebte ansprechen, da durchbricht sein Wort der Liebe die Mauer zwischen Leben und Tod.

Wir können Petrus, Johannes und Maria von Magdala auch auf der Subjektstufe als drei Anteile in uns sehen. Dann will uns die Geschichte darin bestärken, daß wir der Maria in uns trauen, die allein fähig ist, dem Auferstandenen zu begegnen. Maria, das ist die anima in uns, die leidenschaftlich zu lieben vermag, die aber auch leidenschaftlich trauern kann, wenn sie verwundet wird. Der animus in uns schützt sich gegen Wunden und kann so auch nicht für eine Liebe aufgebrochen werden, die den Tod besiegt. Ja selbst die Liebe eines Johannes bleibt zu sehr in der Distanz, als daß sie mehr kann als an das Geheimnis der Auferstehung zu glauben. Sie glaubt zwar, aber sie tritt nicht aus dem eigenen Herzen heraus. Die

Liebe der anima, wie sie Maria verkörpert, läßt sich auf den Geliebten ein. Sie ist ungeschützt. Sie läßt sich verwunden, zerreißen, treffen. Weil sie leidenschaftlich ist, übersteigt sie die Ruhe des eigenen Herzens und geht ganz aus sich heraus zum andern, ja in den andern hinein. Diese leidenschaftliche Liebe der anima ist offensichtlich die Bedingung, daß wir dem Auferstandenen mitten in unserem Leben begegnen können. Johannes will uns in seiner Erzählung Mut machen, dieser leidenschaftlichen Liebe in uns zu trauen und uns ihr zu ergeben. Dann, so will er uns zurufen, wird uns mitten im Grab unserer Angst und Trauer immer wieder der Auferstandene mit unserem Namen rufen. Und alles in uns wird licht und heil. Der graue Morgen wandelt sich in das helle Licht der Liebe.

Schluß

Tiefenpsychologische Schriftauslegung ist für mich eine Hilfe, in meinem Leben Jesus Christus als meinem Erlöser und Heiland zu begegnen. Sie hilft mir, die Sprache der Bilder zu verstehen, in denen die Bibel das Geschehen um Jesus Christus erzählt, und mich in den Bildern wieder zu finden. Es sind heilende Bilder, durch die Gott selber mich berührt, um meine Wunden zu heilen und um mir das Geheimnis meines Lebens zu erschließen. Tiefenpsychologische Auslegung will die Bibel nicht auf die Schilderung eines inneren Geschehens in meiner Seele reduzieren, sondern Jesus Christus eintreten lassen in die innere Welt meines Herzens. Die Frage ist, wie ich Jesus nachfolgen kann. Ich kann seine Gebote befolgen und seine Lehren wiederholen. Aber dann besteht die Gefahr, daß ich Jesus nur äußerlich nachfolge, mein Herz dabei aber nicht verwandelt wird. Die tiefenpsychologische Schriftauslegung will auch das Unbewußte in mir für die Begegnung mit Jesus Christus öffnen, damit ich als ganzer Mensch von Christus berührt und erlöst werde. Nicht um Reduktion der Bibel auf die psychologische Dimension geht es, sondern um die Vertiefung der Christusbegegnung bis in die Psyche hinein, um die Verwandlung des ganzen Menschen auf dem Grund seiner Seele, damit er von innen heraus mit einem von Christus verwandelten und erlösten Herzen seiner sozialen und politischen Verantwortung gerecht werden kann.

Tiefenpsychologische Schriftauslegung ist für mich eine Weiterführung der spirituellen Bibelauslegung, wie sie Origines entwickelt hat und wie sie in der Tradition des Mönchtums immer geübt worden ist. Der tägliche Umgang mit der

Schrift, für den Benedikt drei Stunden pro Tag reserviert hat, war für die Mönche nur fruchtbar, weil sie sich in den Bildern der Schrift wiedergefunden haben und weil sie sich in den biblischen Worten und Bildern vom lebendigen Gott immer wieder neu ansprechen ließen. Die Mystiker aller Zeiten haben dabei einen sehr freien Umgang mit der Schrift gepflegt. Sie haben immer in Bildern gedacht. Und sie hatten keine Probleme, die Bilder immer wieder neu auf das eigene Leben hin auszulegen. Nur wenn der Zusammenhang mit der geistlichen Tradition gewahrt wird, kann die tiefenpsychologische Auslegung für uns zum Segen werden. Wenn sie zur einzig möglichen Auslegungsmethode erklärt wird, verliert sie den Blick für die Wirklichkeit. Psychologie ist ein wichtiger Bereich unseres Lebens. Wir müssen uns ihr stellen. Aber genauso wichtig sind die sozialen und politischen Verhältnisse. Daher ist etwa in Lateinamerika eine politische Sicht der Bibel eher angebracht als eine psychologische Auslegung. In Europa stehen wir in einer philosophischen Tradition. Wir müssen mit der Bibelauslegung auch unsern Verstand befriedigen. Deshalb erfüllt die historisch-kritische Methode eine wichtige Funktion. Sie liefert unserm Verstand wertvolle Informationen. Nur wenn wir beim Verstand stehen bleiben, wird es gefährlich, denn dann verlieren wir den Kontakt zum Leben der Seele. Die tiefenpsychologische Auslegung eröffnet uns neue Horizonte. Sie ermutigt uns, uns den Bildern zu stellen und durch die Bilder hindurch dem zu begegnen, von dem allein wir alles Heil erwarten: Jesus Christus, dem Mittler zum Vater, dem Sohn Gottes, durch den Gott selbst zu uns spricht, um uns von aller Angst zu befreien und uns von unsern Wunden zu heilen.

ANMERKUNGEN

[1] E. Drewermann, Tiefenpsychologie und Exegese, Band I und II, Olten 1984 und 1985, im Text zitiert mit I und II und Seitenzahl. Ferner: E. Drewermann, Bilder von Erlösung. Das Mk.-Ev., 2 Bände, Olten 1987 und 1988. Für die Auslegung wurden jeweils auch die Kommentare von W. Grundmann (Matt., Mk. und Lk., Berlin 1968ff)) und R. Schnackenburg (Das Jh.-Ev., Freiburg 1971) herangezogen.

[2] J.A. Sanford, Alles Leben ist innerlich. Meditationen über Worte Jesu. Olten 1974, im Text zit. mit Sanford und Seitenz.. Vgl. auch: G. Wehr, Tiefenpsychologische Bibelausl., in: Die Psychologie des 20. Jahrhunderts, Bd. XV, hrg. v. G. Condrau, Zürich 1979, 158-165.

[3] Jean Pèpin, Hermeneutik, in: RAC Bd. XIV, Stuttgart 1988, 722-771, im Text zitiert mit RAC.

[4] Origines, Aus den Homilien zum Buche Numeri, zit. in: Quellen geistlichen Lebens. Die Zeit der Väter, hrg. v. W. Geerlings u. G.Greshake, Mainz 1980, 67f.

[5] K. Frör, Wege zur Schriftauslegung. Biblische Hermeneutik für Unterricht und Predigt, Düsseldorf (3) 1967, 23. Vgl. dazu auch: K. Lehmann, Hermeneutik, in: SM III, Freiburg 1968, 676-684.

[6] Hans-Georg Gadamer, Wahrheit und Methode, Tübingen (2) 1965, die Seitenzahlen im Text beziehen sich auf dieses Buch.

[7] Vgl. E.Drewermann -I. Neuhaus, Voll Erbarmen rettet er uns. Die Tobit-Legende tiefenpsychologisch gedeutet. Freiburg 1985.

[8] Vgl. A. Grün, Bilder von Seelsorge. Biblische Modelle einer therapeutischen Pastoral, Mainz 1991.

[9] C.G. Jung, Symbole der Wandlung. GW 5. Band, Olten 1973, 532; im Text zitiert mit GW V.

[10] Vgl. zur Auslegung der wunderbaren Begegnung zwischen Maria und Elisabeth: A. Grün/P. Reitz, Marienfeste. Wegweiser zum Leben, Münsterschwarzach 1987.

[11] Vgl. dazu H. Jaschke, Psychotherapie aus dem Neuen Testament. Heilende Begegnungen mit Jesus, Freiburg 1987, 142ff.

[12] E. Kästner, Die Stundentrommel vom Heiligen Berg Athos, Wiesbaden 1956, 25f.

MÜNSTERSCHWARZACHER KLEINSCHRIFTEN
Schriften zum geistlichen Leben
ISSN 0171-6360

1	Grün, A., Gebet und Selbsterkenntnis	(1979) 56 S.
2	Doppelfeld, B., Der Weg zu seinem Zelt	(1979) 64 S.
3	Ruppert/Grün, Christus im Bruder	(1979) 56 S.
4	Hugger, P., Meine Seele, preise den Herrn	(1979) 84 S.
5	Louf, A., Demut und Gehorsam	(1979) 55 S.
6	Grün, A., Der Umgang mit dem Bösen	(1980) 84 S.
7	Grün, A., Benedikt von Nursia	(1979) 60 S.
8	Hugger, P., Ein Psalmenlied, dem Herrn, Teil 1	(1980) 72 S.
9	Hugger, P., Ein Psalmenlied, dem Herrn, Teil 2	(1980) 80 S.
10	Hugger, P., Ein Psalmenlied, dem Herrn, Teil 3	(1980) 80 S.
11	Grün, A., Der Anspruch des Schweigens	(1980) 72 S.
12	Schellenberger, B., Einübung ins Spielen	(1980) 52 S.
13	Grün, A., Lebensmitte als geistliche Aufgabe	(1980) 60 S.
14	Doppelfeld, B., Höre – nimm an – erfülle	(1981) 68 S.
15	Friedmann, E., Mönche mitten in der Welt	(1981) 76 S.
16	Grün, A., Sehnsucht nach Gott	(1982) 64 S.
17	Ruppert/Grün, Bete und arbeite	(1982) 80 S.
18	Lafrance, J., Der Schrei des Gebetes	(1983) 64 S.
19	Grün, A., Einreden	(1983) 78 S.
22	Grün, A., Auf dem Wege	(1983) 72 S.
23	Grün, A., Fasten – Beten mit Leib und Seele	(1984) 76 S.
25	Kreppold, G., Die Bibel als Heilungsbuch	(1985) 80 S.
26	Louf/Dufner, Geistliche Vaterschaft	(1984) 48 S.
28	Schmidt, M.-W., Christus finden in den Menschen	(1985) 48 S.
29	Grün/Reepen, Heilendes Kirchenjahr	(1985) 88 S.
30	Durrwell, F.-X., Eucharistie – das österl. S.	(1985) 76 S.
31	Doppelfeld, B., Mission	(1985) 62 S.
32	Grün, A., Glauben als Umdeuten	(1986) 68 S.
34	Bar, C. de, Du hast Menschen an m. Weg gest.	(1986) 56 S.
35	Kreppold, G., Kranke Bäume – Kranke Seelen	(1986) 80 S.
36	Grün, A., Einswerden	(1986) 80 S.
37	Community, B., Regel für einen neuen Bruder	(1986) 48 S.
39	Grün, A., Dimensionen des Glaubens	(1987) 80 S.
41	Domek, J., Gott führt uns hinaus ins Weite	(1987) 72 S.
44	Grün/Reitz, Marienfeste	(1987) 80 S.
45	Domek, J., Segen – Quelle heilender Kraft	(1988) 76 S.
46	Grün/Reepen, Gebetsgebärden	(1988) 72 S.
47	Kohlhaas, E., Es singe das Leben	(1988) 60 S.
50	Grün, A., Chorgebet und Kontemplation	(1988) 68 S.
51	Doppelfeld/Stahl, Mit Maria auf dem Weg d.Gl.	(1989) 68 S.

52	Grün, A., **Träume auf dem geistlichen Weg**	(1989)	68 S.
53	Kreppold, G., **Die Bergpredigt**, Teil 1	(1989)	88 S.
54	Kreppold, G., **Die Bergpredigt**, Teil 2	(1989)	72 S.
57	Grün/Dufner, **Gesundheit als geistl. Aufgabe**	(1989)	108 S.
58	Grün, A., **Ehelos – des Lebens wegen**	(1989)	88 S.
59	Staniloae, D., **Gebet und Heiligkeit**	(1990)	48 S.
60	Grün, A., **Gebet als Begegnung**	(1990)	88 S.
61	Doppelfeld, B., **Mission als Austausch**	(1990)	72 S.
62	Abeln/Kner, **Kein Weg im Leben i. vergebens**	(1990)	56 S.
63	Faricy/Wicks, **Jesus betrachten**	(1990)	40 S.
64	Grün, A., **Eucharistie und Selbstwerdung**	(1990)	94 S.
65	Doppelfeld, B., **Ein Gott aller Menschen**	(1991)	80 S.
66	Abeln/Kner, **Wie werde ich fertig m.m. Alter?**	(1992)	76 S.
67	Grün, A., **Geistl. Begleitung bei d.Wüstenv.**	(1992)	100 S.
68	Grün, A., **Tiefenpsycholog. Schriftauslegung**	(1992)	108 S.
69	Doppelfeld, B., **Symbole**, Teil 1	(1993)	112 S.
70	Doppelfeld, B., **Symbole**, Teil 2	(1993)	100 S.
71	Grün, A., **Bilder von Verwandlung**	(1993)	100 S.
72	Simons, G. F., **Religiöse Erfahrung**, Teil 1	(1993)	100 S.
73	Müller, W., **Meine Seele weint**	(1993)	68 S.
74	McDonnell, K., **Die Flamme neu entfachen**	(1993)	44 S.
75	Alphonso, H., **Die Persönliche Erfahrung**	(1993)	70 S.
76	Grün/Riedl, **Mystik und Eros**	(1993)	114 S.
77	Ziegler, G., **Der Weg zur Lebendigkeit**	(1993)	76 S.
78	Doppelfeld, B., **Symbole**, Teil 3	(1993)	88 S.
79	Ruppert, F., **Der Abt als Mensch**	(1993)	48 S.
80	Tiguila, B., **Afrikanische Weisheit**	(1993)	50 S.
81	Grün, A., **Biblische Bilder von Erlösung**	(1993)	102 S.
82	Grün/Dufner, **Spiritualität von unten**	(1994)	108 S.
83	Doppelfeld, B., **Symbole**, Teil 4	(1994)	74 S.
84	Wilde, M., **Ich verstehe dich nicht!**	(1994)	56 S.
85	Abeln/Kner, **Das Kreuz mit dem Kreuz**	(1994)	68 S.
86	Ruppert, F., **Mein Geliebter, die riesigen Berge**	(1995)	85 S.
87	Doppelfeld, B., **Zeugnis und Dialog**	(1995)	92 S.
88	Friedmann, E., **Die Bibel beten**	(1995)	112 S.
89	Müller, W., **Gönne Dich Dir selbst**	(1995)	74 S.
90	Ruppert, F., **Urwald und Weisheit**	(1995)	72 S.
91	Simons, G. F., **Religiöse Erfahrung**, Teil 2	(1995)	102 S.
92	Grün, A., **Leben aus dem Tod**	(1995)	104 S.
93	Grün, A., **Treue auf dem Weg**	(1995)	116 S.
94	Friedmann, E., **Ordensleben**	(1995)	104 S.
95	Stenger, H., **Gestaltete Zeit**	(1996)	80 S.